ΘΕΟΔΩΡΟΣ ΣΤΕΦΑΝ·
ΤΟ ΧΡΥΣΟ ΠΡΟΣΩΠΕΙΟ — THE
THEODORE STEPHAN

Ο ΘΕΟΔΩΡΟΣ ΣΤΕΦΑΝΙΔΗΣ (1896–1983), ήταν ...ητής και μεταφραστής. Ασχολήθηκε επίσης με τη βιολογία και την αστρονομία και δημοσίευσε σχετικές μελέτες. Γεννήθηκε στην Ινδία. Το 1907 η οικογένεια εγκαταστάθηκε στην Κέρκυρα. Μετέφρασε στα αγγλικά, σε συνεργασία με τον Γιώργο Κατσίμπαλη, ποιήματα των μεγαλύτερων νεοελλήνων ποιητών. Επίσης απέδωσε στα αγγλικά τον *Ερωτόκριτο*, δημοσίευσε στο *The Greek Gazette* του Λονδίνου επεισόδια του Καραγκιόζη, έγραψε και ο ίδιος ποιήματα στα αγγλικά κι εξέδωσε τρεις ποιητικές συλλογές: *The Golden Face* (1965), *Cities of Mind* (1969) και *Words in a Crucible* (1973). Μία τέταρτη ποιητική συλλογή μαζί με απομνημονεύματά του από τη φιλία του με τον Lawrence Durrell και την οικογένειά του εκδόθηκε το 2011 υπό τον τίτλο *Autumn Gleanings: Corfu Memoirs and Poems*. Πέθανε στο Λονδίνο το 1983, όπου είχε εγκατασταθεί μόνιμα μετά το τέλος του Β΄ Παγκοσμίου Πολέμου.

THEODORE STEPHANIDES (1896–1983) was a doctor, poet and translator who was also involved in biology and astronomy and published studies in those fields. He was born in India, but in 1907 his family took up residence in Corfu. In collaboration with George Katsimbalis he translated poems of some of the greatest modern Greek poets. He also rendered into English verse the Cretan Renaissance romance *Erotokritos*, and published, in *The Greek Gazette* of London, episodes from the Karaghiozis shadow theatre. He wrote original poetry in English and published three poetic collections: *The Golden Face* (1965), *Cities of Mind* (1969) and *Words in a Crucible* (1973). A fourth collection, together with his recollections of his friendship with Lawrence Durrell and the Durrell family, was published in 2011 with the title *Autumn Gleanings: Corfu Memoirs and Poems*. He died in 1983, in London, where he had been a permanent resident since the end of the Second World War.

ALSO BY STEPHANIDES AND AVAILABLE FROM COLENSO BOOKS

*Sweet-voiced Sappho: Some of the Extant Poems of Sappho of Lesbos and Other Ancient Greek Poems*, translated into English verse by Theodore Stephanides, edited by Anthony Hirst, with facing Greek text (London: Colenso Books, 2015).

*Autumn Gleanings: Corfu Memoirs and Poems*, edited by Richard Pine, Lindsay Parker, James Gifford and Anthony Hirst (Corfu: The Durrell School of Corfu; and Pine Bluff, AR: The International Lawrence Durrell Society; 2011).

Η ΒΕΡΑ ΚΟΝΙΔΑΡΙ, κάτοχος πτυχίου του Τμήματος Αγγλικής Γλώσσας και Φιλολογίας του ΑΠΘ, είναι καθηγήτρια Αγγλικής στη Β/θμια Εκπαίδευση. Κατέχει μεταπτυχιακό τίτλο του Πανεπιστημίου του Εδιμβούργου στις Κινηματογραφικές Σπουδές. Εκτός από την Β/θμια εκπαίδευση, έχει διδάξει στην Α/θμια εκπαίδευση, στη Σχολή Τουριστικής Εκπαίδευσης Κέρκυρας και στα ΙΕΚ. Επίσης, έχει διδάξει επί σειρά ετών στο Ιόνιο Πανεπιστήμιο, στα Τμήματα Τεχνών Ήχου και Εικόνας, και Πληροφορικής. Είναι υποψήφια διδάκτωρ με αντικείμενο το μεταφραστικό και συγγραφικό έργο του Θεόδωρου Στεφανίδη στο Τμήμα Ξένων Γλωσσών, Μετάφρασης και Διερμηνείας του Ιονίου Πανεπιστημίου. Υπήρξε εισηγήτρια σε διεθνή και επιστημονικά συνέδρια και διαλέξεις. Άρθρα της για τη λογοτεχνία και τον κινηματογράφο έχουν δημοσιευθεί σε περιοδικά. Μεταφράσεις της έχουν συμπεριληφθεί σε βιβλία, περιοδικά και λευκώματα. Μεταξύ άλλων έχει μεταφράσει ποιήματα του Θεόδωρου Στεφανίδη τα οποία δημοσιεύθηκαν στα λογοτεχνικά περιοδικά *Εντευκτήριο* και *Πόρφυρας*. Είναι μέλος της οργανωτικής επιτροπής και εισηγήτρια του Διεθνούς Συμποσίου με τίτλο *Islands of the Mind* που διοργανώνει η Durrell Library of Corfu και το οποίο θα λάβει χώρα στην Κέρκυρα, τον Ιούνιο του 2019 με θεματολογία γύρω από τη ζωή και το έργο των Lawrence και Gerald Durrell και του Θεόδωρου Στεφανίδη. Τέλος, έχει μεταφράσει δύο ακόμα ποιητικές συλλογές του Θεόδωρου Στεφανίδη (*Cities of the Mind, Worlds in a Crucible*) με προοπτική μελλοντικής έκδοσής τους.

VERA KONIDARI graduated in English Language and Philology at the Aristotle University of Thessaloniki and obtained a masters in Film Studies at the University of Edinburgh. She lives in Corfu where she teaches English in a secondary school. She has also taught in the Departments of Audio and Visual Arts and of Informatics in the Ionian University. She is now writing a doctoral dissertation in the Department of Foreign Languages, Translation and Interpretation in the same university, on the literary work of Theodore Stephanides — both his translations and his original poetry. Apart from the poetry in this volume, she has translated into Greek the other two collections of poetry that Stephanides published in his lifetime, and some poems from those collections have been published in Greek literary journals. She has also published translations of the anglophone poets, Douglas Dunn and Jim Potts, and her translations of English prose texts on Greek themes have been included in various books and periodicals. She has also published English translations of Greek texts; and her original articles on literature and cinema have appeared in Greek periodicals.

Ο ANTHONY HIRST συνταξιοδοτήθηκε το 2009 ύστερα από μια δεύτερη καριέρα ως ακαδημαϊκός, κατά την οποία υπήρξε υπότροφος ερευνητής στο Πανεπιστήμιο του Πρίνστον και λέκτορας Βυζαντινών και Μοντέρνων Ελληνικών Σπουδών στο Πανεπιστήμιο Κουίνς του Μπέλφαστ. Είναι συγγραφέας του έργου *God and the Poetic Ego: The Appropriation of Biblical and Liturgical Language in the poetry of Palamas, Sikelianos and Elytis* (2004), και συν-επιμελήθηκε δύο τόμους δοκιμίων: *Alexandria, Real and Imagined* (2004) και *The Ionian Islands: Aspects of their History and Culture* (2014). Το τελευταίο διάστημα, κύρια ασχολία του αποτελεί η προετοιμασία για πρώτη έκδοση ή επανέκδοση των έργων που συνέγραψε καθ' όλη τη διάρκεια του βίου του ο Θεόδωρος Στεφανίδης. Έχει ήδη εκδώσει μεταφράσεις της Σαπφούς από τον Στεφανίδη με τον τίτλο *Sweet-voiced Sappho* (Colenso Books 2015). Τα απομνημονεύματα του Θεόδωρου Στεφανίδη από τον πρώτο παγκόσμιο πόλεμο με τίτλο *At the Macedonian Front 1917–1918: A Diary and a Memoir* πρόκειται να εκδοθούν μέσα στο 2019, ενώ αρκετά ακόμα έργα του Στεφανίδη βρίσκονται σε προχωρημένο στάδιο προετοιμασίας για μελλοντική έκδοση.

ANTHONY HIRST retired in 2009 from a second career in academia, in which he had been a research fellow at Princeton University and a lecturer in Byzantine and Modern Greek at Queen's University Belfast. He is the author of *God and the Poetic Ego: The Appropriation of Biblical and Liturgical Language in the poetry of Palamas, Sikelianos and Elytis* (2004), and co-editor of two volumes of essays: *Alexandria, Real and Imagined* (2004) and *The Ionian Islands: Aspects of their History and Culture* (2014). In recent years his main preoccupation has been preparing for first publication or re-publication the entire life's work of Theodore Stephanides. Stephanides' Sappho translations have already appeared as *Sweet-voiced Sappho* (Colenso Books, 2015). *At the Macedonian Front 1917–1918: A Diary and a Memoir* is due for publication in 2019, with several more volumes in an advanced state of preparation.

ΘΕΟΔΩΡΟΣ ΣΤΕΦΑΝΙΔΗΣ

## ΤΟ ΧΡΥΣΟ ΠΡΟΣΩΠΕΙΟ

## THE GOLDEN FACE

THEODORE STEPHANIDES

EDITED BY ANTHONY HIRST

WITH
GREEK TRANSLATION
BY
VERA KONIDARI

ΕΛΛΗΝΙΚΗ ΜΕΤΑΦΡΑΣΗ

ΒΕΡΑ ΚΟΝΙΔΑΡΗ

COLENSO BOOKS
2019

This dual-language edition first published June 2019 by
Colenso Books
68 Palatine Road, London N16 8ST, U.K.
colensobooks@gmail.com

ISBN 978-1-912788-03-3

*The Golden Face* was first published by
The Fortune Press, London, 1965
and the copyright assigned to Theodore Stephanides.

The English text of the poems and some of the Notes
© 2019 The Estate of Theodore Stephanides.

The Greek translation of the poems as *Το Χρυσό Προσωπείο*,
the Πρόλογος της μεταφράστριας,
the Greek translation of the Εισαγωγή του εκδότη,
and some of the Notes © 2019 Vera Konidari.

The Editor's Introduction,
the English translation of the Translator's Preface
and some of the Notes © 2019 Anthony Hirst

Η κύρια εικόνα του εξωφύλλου δείχνει τμήμα ανακαινισμένου κτηρίου στην οδό Μουστοξύδη στην Κέρκυρα, το οποίο αναφέρεται στο ποίημα του Στεφανίδη με τίτλο «Μεσαιωνικός τοίχος» (φωτογραφία της Βέρας Κονιδάρη).

Η μικρή εικόνα επάνω αριστερά, είναι το χρυσό νεκρικό προσωπείο που ανακαλύφθηκε στις Μυκήνες το 1876 από τον Ερρίκο Σλήμαν, ο οποίος το ταύτισε ευφάνταστα με το πρόσωπο του Αγαμέμνονα — μια ταύτιση την οποία απομυθοποίησε ο Στεφανίδης στο ποίημα «Το Χρυσό Προσωπείο» που έδωσε τον τίτλο στο βιβλίο. Το προσωπείο βρίσκεται στο Εθνικό Αρχαιολογικό Μουσείο της Αθήνας.

The main image on the front cover shows part of the restored building in Moustoxidi Street in Corfu Town referred to in Sephanides' poem "Medieval wall" (photograph by Vera Konidari).

The small image, top left, is the golden funeral mask found at Mycenae in 1876 by Heinrich Schliemann, who fancifully identified it as the face of Agamemnon — an identification debunked by Stephanides in the title poem "The Golden Face". The mask is in the National Archaeological Museum of Athens.

Στη μνήμη της

ΑΛΕΞΙΑΣ ΣΤΕΦΑΝΙΔΗ-ΜΕΡΚΟΥΡΗ

(απεβίωσε 28 Οκτωβρίου 2018)

κόρης του συγγραφέα του βιβλίου

*Το Χρυσό Προσωπείο*

και στη μνήμη του συζύγου της

ΣΠΥΡΟΥ ΜΕΡΚΟΥΡΗ

(απεβίωσε 23 Αυγούστου 2018)

 

In memory of

ALEXIA STEPHANIDES-MERCOURI

(died 28 October 2018)

daughter of the author of

*The Golden Face*

and in memory of her husband

SPYROS MERCOURIS

(died 23 August 2018)

# CONTENTS     ΠΕΡΙΕΧΟΜΕΝΑ

|      |                          |                                 |      |
|------|--------------------------|---------------------------------|------|
|      |                          | Πρόλογος της μεταφράστριας      | xi   |
|      |                          | Εισαγωγή του εκδότη             | xv   |
| xxi  | Translator's Preface     |                                 |      |
| xxvii| Editor's Introduction    |                                 |      |
|      | THE GOLDEN FACE          | ΤΟ ΧΡΥΣΟ ΠΡΟΣΩΠΕΙΟ              |      |
| 2    | Coal train               | Ο καρβουνιάρης                  | 3    |
| 2    | The old manor house      | Η παλιά έπαυλη                  | 3    |
| 4    | Estate                   | Κτήμα                           | 5    |
| 4    | On seeing a blackbird    | Βλέποντας ένα κοτσύφι           | 5    |
| 6    | London lights            | Λονδρέζικα φώτα                 | 7    |
| 6    | London public library    | Δημόσια βιβλιοθήκη του Λονδίνου | 7    |
| 8    | Storm over Hyde Park     | Θύελλα στο Χάϊντ Παρκ           | 9    |
| 10   | Encroaching lights       | Διεισδυτικά φώτα                | 11   |
| 12   | This is their life       | Αυτή είναι η ζωή τους           | 13   |
| 14   | London sky-scraper       | Ουρανοξύστης του Λονδίνου       | 15   |
| 16   | London seagull           | Λονδρέζικος γλάρος              | 17   |
| 18   | Telegraph wires          | Βλέποντας σύρματα τηλέγραφου    | 19   |
| 18   | Modern Upas              | Μοντέρνα Upas                   | 19   |
| 20   | The submerged garden     | Ο βυθισμένος κήπος              | 21   |
| 20   | Anachronism              | Αναχρονισμός                    | 21   |
| 22   | Dogs baying at the moon  | Σκυλιά ουρλιάζουν στο φεγγάρι   | 23   |
| 24   | The catch                | Η ψαριά                         | 25   |
| 24   | The stunted elm          | Η καχεκτική φτελιά              | 25   |
| 26   | Ocean pyre               | Πυρά του ωκεανού                | 27   |
| 28   | Medieval wall            | Μεσαιωνικός τοίχος              | 29   |
| 30   | Winds                    | Άνεμοι                          | 31   |
| 30   | The Golden Face          | Το Χρυσό Προσωπείο              | 31   |
| 32   | Tanagra figurine         | Το αγαλματίδιο της Τανάγρας     | 33   |
| 32   | The ship of Odysseus     | Το πλοίο του Οδυσσέα            | 33   |
| 34   | Odysseus                 | Οδυσσέας                        | 35   |
| 34   | Nightscape               | Νυχτερινό τοπίο                 | 35   |
| 36   | Contrasts                | Αντιθέσεις                      | 37   |
| 36   | Wind-flower              | Ανεμολούλουδο                   | 37   |
| 38   | Vain pursuit             | Μάταιη επιδίωξη                 | 39   |

## CONTENTS     ΠΕΡΙΕΧΟΜΕΝΑ

| | | | |
|---|---|---|---|
| 38 | Mirrors | Καθρέφτες | 39 |
| 40 | The clock | Το ρολόι | 41 |
| 40 | Fly in amber | Μύγα σε κεχριμπάρι | 41 |
| 42 | Duologue | Διάλογος | 43 |
| 42 | The spectre | Το φάντασμα | 43 |
| 44 | Classic idyll | Κλασσικό ειδύλλιο | 45 |
| 44 | Sunrise | Ανατολή | 45 |
| 46 | Worlds unknown | Άγνωστοι κόσμοι | 47 |
| 48 | Reply to Walt Whitman | Απάντηση στον Ουόλτ Ουίτμαν | 49 |
| 48 | Harvest moon | Θερινό φεγγάρι | 49 |
| 50 | The caged gorilla | Ο φυλακισμένος γορίλας | 51 |
| 50 | Decoy duck | Πάπια δόλωμα | 51 |
| 52 | Memory | Μνήμη | 53 |
| 52 | Epitaph for a parrot | Επιτάφιος για έναν παπαγάλο | 53 |
| 54 | Mathematical problem | Μαθηματικό πρόβλημα | 55 |
| 54 | The butterfly | Η πεταλούδα | 55 |
| 56 | Midges | Σκνίπες | 57 |
| 56 | The oak | Η βελανιδιά | 57 |
| 58 | The cage | Το κλουβί | 59 |
| 58 | Books | Βιβλία | 59 |
| 60 | The Upas Tree | Το Δέντρο Upas | 61 |
| 62 | Pictures in the fire | Εικόνες στη φωτιά | 63 |
| 62 | Pegasus | Πήγασος | 63 |
| 64 | Light-shadowed | Αλαφροΐσκιωτοι | 65 |
| 64 | Permanence | Μονιμότητα | 65 |
| 66 | Ice Age | Εποχή των παγετώνων | 67 |
| 68 | The last day of Atlantis | Η τελευταία μέρα της Ατλαντίδας | 69 |
| 70 | Fata Morgana | Φάτα Μοργκάνα | 71 |
| 70 | Whispering fir-trees | Ψιθυριστά έλατα | 71 |
| 72 | Intrinsic beauty | Εγγενής ομορφιά | 73 |
| 72 | On wanting to "prove" | Στη θέληση να «αποδεικνύεις» | 73 |
| 74 | In the mind's eye | Στο μάτι του νου | 75 |
| 74 | Phantasmagoria | Φαντασμαγορία | 75 |
| 76 | Delight | Απόλαυση | 77 |
| 76 | Red for Danger | Κόκκινο κινδύνου | 77 |
| 78 | Lure | Δέλεαρ | 79 |
| 78 | Space Age | Εποχή του διαστήματος | 79 |

| | | | | |
|---|---|---|---|---|
| 80 | Termitary | Μια φωλιά τερμιτών | 81 |
| 82 | The ship | Το καράβι | 83 |
| 84 | Mushroom growers | Καλλιεργητές μανιταριών | 85 |
| 84 | Man | Άνθρωπος | 85 |
| 86 | Materialist age | Υλιστική εποχή | 87 |
| 86 | Materialist universe | Υλιστικό σύμπαν | 87 |
| 88 | Erudition | Ευρυμάθεια | 89 |
| 88 | "Anthropos" | «Άνθρωπος» | 89 |
| 90 | The worth of dust | Η αξία της σκόνης | 91 |
| 90 | Primordial mystery | Αρχέγονο μυστήριο | 91 |
| 92 | Ending | Κατάληξη | 93 |
| 94 | Eagle versus aeroplane | Αετός εναντίον αεροπλάνου | 95 |
| 96 | Field gunner | Πυροβλητής πεδίου | 97 |
| 96 | The scarecrow | Το σκιάχτρο | 97 |
| 98 | Western Desert | Δυτική Έρημος | 99 |
| 98 | Fall of a city | Πτώση μιας πόλης | 99 |
| 100 | Rainbow's end | Το τέλος του ουράνιου τόξου | 101 |
| 100 | Climax in Crete | Κορύφωση στην Κρήτη | 101 |
| 103 | Notes | Σημειώσεις | 109 |

# ΠΡΟΛΟΓΟΣ ΤΗΣ ΜΕΤΑΦΡΑΣΤΡΙΑΣ

Ο αγγλόφωνος έλληνας ποιητής Θεόδωρος Στεφανίδης (Theodore Stephanides, 1896-1983) είναι ελάχιστα καταχωρημένος στη νεότερη ελληνική γραμματεία. Ωστόσο, υπήρξε μια πολύπλευρη όσο και ξεχωριστή προσωπικότητα των γραμμάτων μας, καθώς κι ένας πολυεπιστήμων, κατά κόσμον ιατρός ακτινολόγος, που ασχολήθηκε και με τη βιολογία και με την αστρονομία και δημοσίευσε σχετικές μελέτες. Μετέφρασε ελληνική ποίηση στα αγγλικά, σε συνεργασία με τον Γιώργο Κατσίμπαλη (1899-1978, εκδότη, εμψυχωτή και σημαντική φυσιογνωμία της ελληνικής συγγραφικής Γενιάς του '30, τον αποκαλούμενο από τον Χένρι Μίλερ (Henry Miller, 1891-1980) «Κολοσσό του Μαρουσιού».

Στη δημοσιευμένη παραγωγή του περιλαμβάνονται μεταξύ άλλων τρεις ποιητικές συλλογές στα αγγλικά, μία μελέτη για τον Καραγκιόζη (κεντρικό χαρακτήρα του παραδοσιακού «Θεάτρου Σκιών»), απομνημονεύματα, καθώς και επιστολές.

Ο Θεόδωρος Στεφανίδης, ο «άνθρωπος-ορχήστρα» όπως τον έχουν αποκαλέσει, δεν είναι καταχωρημένος σε καμία ελληνική ποιητική ανθολογία (άλλωστε έγραψε στην αγγλική, οι ποιητικές συλλογές του είχαν κυκλοφορήσει στη Μ. Βρετανία, και ελάχιστα μεμονωμένα ποιήματά του έχουν μεταφραστεί στην ελληνική).

Οι τρεις ποιητικές συλλογές, που εξέδωσε εν ζωή στο Λονδίνο, είναι: *The Golden Face* (The Fortune Press, 1965), *Cities of the Mind* (The Fortune Press, 1969) και *Worlds in a Crucible* (The Mitre Press, 1973).

Στο ανά χείρας βιβλίο, τη μετάφραση της πρώτης συλλογής του *The Golden Face* (*Το Χρυσό Προσωπείο*), τα ποιήματα αποδίδονται με τη φροντίδα να αποτυπωθεί στην ελληνική όσο γινόταν καλύτερα η αισθητική και το ηθικό βάρος των λόγων, όπως διακρίνονται στην αγγλική πηγή, με παράβλεψη της ομοιοκαταληξίας, καθώς μέτρο και ομοιοκαταληξία στη μετάφραση ενός ποιήματος προϋποθέτουν ανάπλαση, δηλαδή ένα νέο ποίημα. Παράλληλα, καταβλήθηκε προσπάθεια να διατηρηθεί η στίξη και κάθε ιδιαίτερο μορφικό στοιχείο και να διατηρηθεί ο ποιητικός ρυθμός, ενώ και οι λέξεις με αρχικό κεφαλαίο, που συχνά χρησιμοποιεί ο ποιητής για να τονιστούν κάποιες έννοιες, διατηρήθηκαν με το αρχικό κεφαλαίο τους και στη μετάφραση.

Στο πίσω μέρος του τόμου περιλαμβάνονται και οι σημειώσεις του ποιητή στην αγγλική έκδοση, καθώς και μερικές διευκρινιστικές σημειώσεις της μεταφράστριας και του εκδότη.

Η υπογράφουσα ήδη έχει μεταφράσει και τις δύο επόμενες συλλογές του Θεόδωρου Στεφανίδη, με την πρόθεση και την ελπίδα να εκδοθούν μελλοντικά.

Ιδιάζουσες πτυχές της ποίησης του Θεόδωρου Στεφανίδη είναι η φύση, η επίδραση από τα ποικίλα επιστημονικά και ερευνητικά ενδιαφέροντά του (η βιολογία και γενικότερα οι θετικές επιστήμες, τα μαθηματικά, η αστρονομία, όπου δίνεται με εύσχημο τρόπο το αιώνιο ενδιαφέρον του ανθρώπου για

## ΠΡΟΛΟΓΟΣ ΤΗΣ ΜΕΤΑΦΡΑΣΤΡΙΑΣ

κόσμους έξω από τη γη – και δεν είναι τυχαία η τιμητική ονομασία ενός κρατήρα της Σελήνης με το όνομά του), αλλά και η (ελληνική) μυθολογία και η φιλοσοφία. Πάντως ο ίδιος θεωρεί τον εαυτό του «παλιομοδίτη» στην ποίηση και ελπίζει με δόση χιούμορ ότι σε 50 ή σε 100 χρόνια η ποίησή του θα εκτιμηθεί.

Στον *Κολοσσό του Μαρουσιού*, το βιβλίο του Χένρι Μίλερ, με κεντρικό άξονα τον Γιώργο Κατσίμπαλη (με επανειλημμένες ελληνικές εκδόσεις), ο Θεόδωρος Στεφανίδης εμφανίζεται αρκετές φορές. Ας δούμε κάποιες από αυτές.

Η πρώτη συνάντηση του Χένρι Μίλερ με τον Θεόδωρο Στεφανίδη:

> Μια μέρα εμφανίστηκε ο Θόδωρος – ο δρ Θεόδωρος Στεφανίδης. Ήξερε τα πάντα για τα φυτά, τα λουλούδια, τα δέντρα, τις πέτρες, τα ορυκτά, τις κατώτερες μορφές ζωής, τα μικρόβια, τις αρρώστιες, τ' άστρα, τους πλανήτες, τους κομήτες και τα λοιπά και τα λοιπά. Ο Θόδωρος είναι ο πιο μορφωμένος άνθρωπος που έχω γνωρίσει ποτέ, κι ένας άγιος πέρα για πέρα. Ο Θόδωρος έχει επίσης μεταφράσει ένα σωρό ελληνικά ποιήματα στα αγγλικά. Έτσι άκουσα για πρώτη φορά το όνομα Σεφέρης, όπως υπέγραφε ο Γιώργος Σεφεριάδης. Και τότε, μ' ένα μείγμα αγάπης, θαυμασμού και πονηρού χιούμορ, πρόφερε προς χάρη μου το όνομα Κατσίμπαλης, που, για κάποιον παράξενο λόγο, με εντυπωσίασε αμέσως. Εκείνο το βράδυ ο Θόδωρος μας έκανε ξέφρενες περιγραφές από τη ζωή του με τον Κατσίμπαλη στα χαρακώματα του βαλκανικού μετώπου, στον Παγκόσμιο Πόλεμο.

Επίσκεψη του Χένρι Μίλερ στο σπίτι του Γιώργου Κατσίμπαλη στο Μαρούσι:

> Μας είχαν πει να πάμε νωρίς για να δούμε τη δύση του ήλιου. Ο Στεφανίδης είχε μεταφράσει κάποια ελληνικά ποιήματα – θα τ' ακούγαμε στ' αγγλικά. Όταν φτάσαμε, ο Κατσίμπαλης κοιμόταν ακόμη. Μάλλον ντράπηκε που τον πιάσαμε να κοιμάται, αφού όλο καυχιόταν για το πόσο λίγο ύπνο χρειαζόταν. Κατέβηκε κάτω θολός και σκουντουφλώντας.

Επίσκεψη στο Αστεροσκοπείο Αθηνών:

> Το δεύτερο γεγονός ήταν μια επίσκεψη στο Αστεροσκοπείο της Αθήνας, που είχε κανονίσει για τον Ντάρελ κι εμένα ο Θεόδωρος Στεφανίδης, ο οποίος, αν και ερασιτέχνης αστρονόμος, έχει κάνει, όπως είναι παραδεδεγμένο, σπουδαίες αστρονομικές ανακαλύψεις.

Ο Λώρενς Ντάρελ (1912-1990), ο οποίος έφερε σε επαφή τον Μίλερ με τον Στεφανίδη το 1939, είχε εγκατασταθεί στην Κέρκυρα το 1935, κι ο Θεόδωρος Στεφανίδης έγινε φίλος της οικογένειας Ντάρελ. Τότε ήταν περίπου 40 ετών κι ο Λώρενς Ντάρελ περίπου 23 ετών. Ο Θεόδωρος Στεφανίδης είναι αυτός που θα εμπιστευθεί στον Λώρενς Ντάρελ τις αδημοσίευτες σημειώσεις του για το νησί της Κέρκυρας, από τις οποίες ο Ντάρελ άντλησε πολύτιμο υλικό για τη συγγραφή του πασίγνωστου βιβλίου του με τίτλο *Η Σπηλιά του Πρόσπερου*. Η δημοσιευμένη αλληλογραφία τους (οι επιστολές του Θ. Στεφανίδη προς τον Λώρενς Ντάρελ), που καλύπτει την περίοδο 1961-1982, αποτελεί ένα θησαυροφυλάκιο πληροφοριών για πρόσωπα και τεκταινόμενα της εποχής, καλλιτεχνικά, κοινωνικά και πολιτικά.

Ο Θεόδωρος Στεφανίδης είχε γεννηθεί το 1896 στην Ινδία. Ο πατέρας του ήταν βαμβακέμπορας από τη Σμύρνη και η μητέρα του ήταν το γένος Ράλλη. Το 1907 η οικογένεια εγκαταστάθηκε στην Κέρκυρα. Ο Θεόδωρος Στεφανίδης υπηρέτησε στον ελληνικό στρατό από το 1917 έως το 1922. Στο μακεδονικό μέτωπο υπηρέτησε ως εθελοντής κατά τους τελευταίους δεκαοκτώ μήνες του Α΄ Παγκοσμίου Πολέμου. Εκεί, γνωρίστηκε με τον Γιώργο Κατσίμπαλη με τον οποίο συνεργάστηκε στη μετάφραση και έκδοση στην αγγλική γλώσσα πρώτα μιας σειράς ποιημάτων του Κωστή Παλαμά (*Poems by Kostes Palamas*, 1925) και στη συνέχεια μιας ανθολογίας από το έργο κορυφαίων νεοελλήνων ποιητών, της περιόδου 1886 έως 1925, ανάμεσα στους οποίους περιλαμβάνονταν οι Κωστής Παλαμάς, Κωνσταντίνος Καβάφης, Κώστας Καρυωτάκης, Γεώργιος Δροσίνης, Αργύρης Εφταλιώτης, Κωνσταντίνος Χατζόπουλος, Γεράσιμος Μαρκοράς, Λορέντσος Μαβίλης, Κώστας Ουράνης, με τον τίτλο *Modern Greek Poems* (1926).

Στο μεταξύ, με το τέλος της θητείας του τον Αύγουστο του 1922, μετέβη στο Παρίσι να σπουδάσει ιατρική, και όταν ολοκλήρωσε τις σπουδές του επέστρεψε στην Κέρκυρα όπου άνοιξε ακτινολογικό εργαστήριο και παράλληλα ασχολήθηκε με τη βιολογία. Μελέτησε την υδροβιολογία των γλυκών υδάτων διαφόρων περιοχών της Ελλάδας και έγραψε τη μελέτη *Επισκόπηση της υδροβιολογίας των γλυκών υδάτων της Κέρκυρας και ορισμένων άλλων περιοχών της Ελλάδας*, που εκδόθηκε από την Ακαδημία Αθηνών το 1948. Το 1939 πήγε με υποτροφία του Ιδρύματος Ροκφέλερ στη Μακεδονία, προκειμένου να ασχοληθεί με την έρευνα για τον έλεγχο της ελονοσίας. Πήρε μέρος και στον Β΄ Παγκόσμιο Πόλεμο και συμμετείχε στη Μάχη της Κρήτης, όπου υπηρέτησε ως αξιωματικός του Υγειονομικού Σώματος του Βρετανικού Στρατού. Τις εμπειρίες του από τη Μάχη της Κρήτης τις κατέγραψε στο βιβλίο του με τίτλο *Climax in Crete* (1946). Με το τέλος του πολέμου μετακόμισε στο Λονδίνο, όπου και παρέμεινε μόνιμα έως το τέλος της ζωής του το 1983, δουλεύοντας για πολλά χρόνια ως ακτινολόγος σε νοσοκομείο του Λονδίνου. Στα τέλη της δεκαετίας του '60 ο Στεφανίδης αποχώρησε από το νοσοκομείο που εργαζόταν και μαζί πάντα με τον Κατσίμπαλη συνέχισε τη μετάφραση και έκδοση στα αγγλικά του έργου του Παλαμά, εκδίδοντας τέσσερις ακόμα συλλογές.

Το 1973, εκδόθηκαν τα απομνημονεύματα του Θεόδωρου Στεφανίδη από τα ταξίδια του στα ελληνικά νησιά, με τον τίτλο *Island Trails*. Αργότερα, μετά το θάνατο του Κατσίμπαλη, ο Στεφανίδης μόνος του απέδωσε στα αγγλικά τον *Ερωτόκριτο*, εκτεταμένο έπος του ποιητή του 17ου αιώνα Βιτσέντζου Κορνάρου (που εκδόθηκε μετά τον θάνατο του Στεφανίδη), και μετέφρασε και δημοσίευσε στο *The Greek Gazette* επεισόδια του Καραγκιόζη.

Αυτή τη στιγμή κυκλοφορούν δύο ακόμα έργα του Θεόδωρου Στεφανίδη, τα οποία εκδόθηκαν μετά τον θάνατό του. Πρόκειται για τη συλλογή απομνημονευμάτων και ποιημάτων του υπό τον τίτλο *Autumn Gleanings*, μια εκδοτική σύμπραξη των *Durrell School of Corfu* και *The International Lawrence Durrell Society* (2011), αλλά και για το έργο *Sweet-voiced Sappho* των εκδόσεων Colenso (2015), το οποίο περιέχει ποιήματα της Σαπφούς και άλλων αρχαίων

ΠΡΟΛΟΓΟΣ ΤΗΣ ΜΕΤΑΦΡΑΣΤΡΙΑΣ

ελλήνων συγγραφέων μεταφρασμένα στην αγγλική.

 Τελειώνοντας αυτό το σύντομο προλογικό σημείωμα, τονίζω ότι οφείλω θερμότατες ευχαριστίες στον υπεύθυνο της έκδοσης Anthony Hirst, στον συγγραφέα και υπεύθυνο της *Durrell Library of Corfu* Richard Pine και στον αναπληρωτή καθηγητή του Τμήματος Ξένων Γλωσσών, Μετάφρασης και Διερμηνείας του Ιονίου Πανεπιστημίου Βασίλη Λέτσιο, για το σχετικό υλικό που μου παραχώρησαν και μου παραχωρούν συνεχώς, καθώς και για τις γόνιμες συνομιλίες και τα εποικοδομητικά τους σχόλια.

*Βέρα Κονιδάρη*
*Κέρκυρα*
*Μάρτιος 2019*

# ΕΙΣΑΓΩΓΗ ΤΟΥ ΕΚΔΟΤΗ

Είναι ξεκάθαρο από τα διασωθέντα χειρόγραφα πως στα τελευταία χρόνια της ζωής του τον Θεόδωρο Στεφανίδη τον απασχόλησε η ιδέα του να συγκεντρώσει όλα του τα ποιήματα σε έναν τόμο. Έκανε μια σειρά προσπαθειών στην αναδιοργάνωσή τους σε μια αλληλουχία, αποφεύγοντας απλώς να βάλει μαζί τις τρεις ήδη εκδοθείσες συλλογές του ακέραιες, ακολουθούμενες από επόμενα ανέκδοτα ποιήματα. Η αρχική μου επιθεώρηση αυτών των χειρογράφων με άφησε αβέβαιο ως προς το ποιες ήταν οι τελικές του προθέσεις για την αναδιοργάνωση των ποιημάτων. Και απαιτείται πιο αναλυτική μελέτη. Παρόλο που ο τελικός μου στόχος είναι — μετά από περαιτέρω μελέτη των χειρογράφων — να δημιουργήσω έναν μεγάλο τόμο Ποιητικών Απάντων, συλλέγοντας μαζί όλη την αυθεντική αγγλική ποίηση του Στεφανίδη, εκδοθείσα και μη εκδοθείσα, αυτό έχει ακόμα δρόμο. Η επερχόμενη έκδοση των ελληνικών μεταφράσεων όλων των ποιημάτων της πρώτης ποιητικής συλλογής του Στεφανίδη, *Το Χρυσό Προσωπείο* (η οποία εκδόθηκε στο Λονδίνο το 1965) από τη Βέρα Κονιδάρη, παρείχε μια ευκαιρία να τεθούν τα αυθεντικά αγγλικά ποιήματα αυτής της συλλογής ξανά σε έκδοση μαζί με τις μεταφράσεις της.

Για αυτό το βιβλίο επιλέξαμε για μέγεθος σελίδας 170 x 244mm, που μαζί με την 11pt Garamond για τ' αγγλικά ποιήματα και 10pt HellenicaU για τα ελληνικά, επιτρέπει στις πιο μακρές γραμμές των ελληνικών να χωρέσουν στη σελίδα χωρίς σπασμένες αράδες — τα ελληνικά σχεδόν πάντα χρειάζονται αρκετά περισσότερα γράμματα από τα ανάλογα αγγλικά. Αυτή η διαμόρφωση της σελίδας εξασφαλίζει επίσης ότι ακόμα και τα μακρύτερα ποιήματα στη συλλογή — μακρύτερα ως προς τον αριθμό των στίχων — («Σκυλιά ουρλιάζοντας στο φεγγάρι» και «Κατάληξη») θα χωρέσουν το καθένα σε μία σελίδα. Στις περισσότερες περιπτώσεις υπάρχουν δύο ποιήματα σε κάθε σελίδα. Περισσότερα ζευγάρια συνεχόμενων ποιημάτων θα μπορούσαν να επιτευχθούν, και σελίδες με ένα μονό σχετικά μικρό ποίημα να αποφευχθούν, τροποποιώντας τη σειρά των ποιημάτων. Αυτό, εντούτοις, αποκλείστηκε άμεσα, αφού είναι εμφανές πως ο Στεφανίδης σκέφτηκε πολύ προσεχτικά για την τοποθέτηση των ογδόντα τεσσάρων ποιημάτων στη συλλογή, και διατηρήσαμε τη σειρά του χωρίς καμία αλλαγή. Η ακολουθία περιγράφεται σύντομα στις επόμενες παραγράφους. Αρχίζει και τελειώνει με ποιήματα που σχετίζονται με συγκεκριμένες περιοχές της ζωής του Στεφανίδη, ξεκινώντας με το Λονδίνο και την Κέρκυρα και τελειώνοντας με περιοχές στις οποίες υπηρέτησε κατά τους δύο παγκοσμίους πολέμους.

Τα πρώτα έντεκα ποιήματα, από τον «Καρβουνιάρη» στον «Λονδρέζικο γλάρο» έχουν το Λονδίνο ως τοποθεσία τους και στις περισσότερες περιπτώσεις αυτό είναι σαφές. Το επόμενο ποίημα, «Βλέποντας σύρματα τηλέγραφου», θα μπορούσε να ανήκει σε ένα λονδρέζικο πλαίσιο, αλλά το γεγονός πως αναφέρεται σε μια παιδική του εμπειρία προτείνει πως το γενικό πλαίσιο του σιδηροδρομικού ταξιδιού είναι είτε η Ινδία είτε τα οικογενειακά ταξίδια στην Ευρώπη μεταξύ της αποχώρησης από την Ινδία

## ΕΙΣΑΓΩΓΗ ΤΟΥ ΕΚΔΟΤΗ

και της τελικής εγκατάστασης στην Κέρκυρα. Αυτό το ποίημα θεματικά σχετίζεται με το επόμενο: ο τηλεγραφικός στύλος δίνει η θέση του στον πυλώνα, που ειρωνικά αναφέρεται ως «Μοντέρνα Upas». Το «Μοντέρνα Upas» θα μπορούσε να ανήκει στην περιοχή του Λονδίνου, αλλά τα επόμενα επτά ποιήματα, από το «Ο βυθισμένος κήπος» στο «Μεσαιωνικός τοίχος» ξεκάθαρα ανήκουν στην Κέρκυρα, είτε αυτό είναι σαφές είτε όχι. Στο ακόλουθο ποίημα, «Άνεμοι», οι επικράτειες του Βοριά και του Νοτιά θα μπορούσαν να υποδηλώνουν τις βόρειες και νότιες περιοχές της ζωής του Στεφανίδη, αλλά επίσης θα μπορούσαν να εκφράζουν εμπειρίες εντός της Ελλάδας, και με τα επόμενα έξι ποιήματα, από το «Χρυσό Προσωπείο» στις «Αντιθέσεις», είμαστε σαφώς στα ελληνικά, αλλά όχι πια στα κερκυραϊκά πλαίσια, με πολλές μνείες ή ξεκάθαρες αναφορές στην ελληνική μυθολογία. Η μυθολογία είναι ακόμα στο φόντο των «Ανεμολούλουδο» και «Μάταιη επιδίωξη», για ένα λουλούδι και μια πεταλούδα αντίστοιχα: ο Στεφανίδης κάνει τη σύνδεση μεταξύ της ανεμώνης (ανεμολούλουδο) και της μυθολογικής φιγούρας της Ανεμώνης την οποία φλερτάρει ο Βορέας (η προσωποποίηση του Βοριά), ενώ η αναζήτηση μιας πεταλούδας που επιτέλους απέδρασε μοιάζει με μια αναλογία ερωτικής εμμονής. Και τα έξι ποιήματα που ακολουθούν, από τους «Καθρέφτες» στο «Κλασσικό ειδύλλιο», αναφέρονται όλα, με διάφορους τρόπους, στις διακυμάνσεις του ανθρώπινου έρωτα.

Στα ποιήματα «Ανατολή», «Άγνωστοι κόσμοι», «Απάντηση στον Ουόλτ Ουίτμαν» και «Θερινό φεγγάρι», έχουμε ποιήματα που αντικατοπτρίζουν την αντίληψη ενός επιστήμονα για τα θαύματα του ουρανού: ήλιος, φεγγάρι, πλανήτες και αστέρια. Με το ποίημα «Ο φυλακισμένος γορίλας» προχωράμε σε ποιήματα για τον κόσμο των ζώων. Στα «Πάπια δόλωμα», «Μνήμη», «Επιτάφιος για ένα παπαγάλο» και «Μαθηματικό πρόβλημα», έχουμε τέσσερα ποιήματα πολύ διαφορετικού νοήματος, αλλά όλα για τα πουλιά. Αυτά ακολουθούνται από δύο ποιήματα για έντομα: «Η πεταλούδα» και «Σκνίπες». Οι εν λόγω σκνίπες είναι «ανάμεσα στα δέντρα» και αυτό το μεγάλο σύνολο ποιημάτων που παίρνουν τα θέματά τους από αντιλήψεις για το σύμπαν και τον φυσικό κόσμο τελειώνει με ένα ποίημα για ένα ξεριζωμένο δέντρο με τίτλο «Η βελανιδιά», φέρνοντας στο νου προηγούμενα ποιήματα με αναφορές σε «κελαηδίσματα τραγουδισμένα» και «από παλιά πεθαμένων εραστών […] αναστεναγμός» ανάμεσα στους ήχους που προκαλούνται όταν ο άνεμος περνάει ανάμεσα στα «ξερά κλαδιά της». Ερχόμαστε τώρα σε ποιήματα πιο φιλοσοφικής χροιάς, ξεκινώντας με το «Κλουβί» — και ας σημειώσουμε ότι τα ποιήματα για τον κόσμο των ζώων ξεκινούσαν με το ποίημα «Ο φυλακισμένος γορίλας». Αυτό το κλουβί, παρ' όλ' αυτά είναι πιο φιλικό: είναι μια μεταφορά για την ποίηση, και το ποίημα ξεκινά με τις λέξεις του Lu-Chi, «Ο Ποιητής είναι αυτός που παγιδεύει τους Ουρανούς και τη Γη σε ένα Κλουβί Μορφής». Αυτό το ποίημα για τη γραφή ακολουθείται από τα «Βιβλία» – ένα ποίημα για την ανάγνωση, και την υπόσχεση για μη αναγνωσμένα βιβλία. Μετά έρχονται τέσσερα ποιήματα για την έμπνευση ή/και την επιδίωξη («Το δέντρο Upas», «Εικόνες στη φωτιά» «Πήγασος» «Αλαφροΐσκιωτοι»).

Το επόμενο ποίημα «Μονιμότητα» αναφέρεται στο πώς κάτι τόσο

## ΕΙΣΑΓΩΓΗ ΤΟΥ ΕΚΔΟΤΗ

εφήμερο όπως ο άνεμος μπορεί να δημιουργήσει κυματισμούς στην άμμο δημιουργώντας μια μόνιμη παρουσία στο γεωλογικό ιστορικό. Ακολουθείται από δυο ποιήματα για την προσωρινότητα του Ανθρώπου («Εποχή των παγετώνων», «Η τελευταία μέρα της Ατλαντίδας») και ένα ποίημα για τις ψευδαισθήσεις ("Fata Morgana"). Το ποίημα «Ψιθυριστά έλατα» που ακολουθεί, σχετίζεται στενά με το ποίημα «Η βελανιδιά», αλλά εισάγει μια ομάδα ποιημάτων για την αισθητική, εξετάζοντας τη φύση της ομορφιάς και ρωτώντας μήπως αυτή βρίσκεται μόνο, όπως λέει και το γνωμικό, στο μάτι του θεατή: «Εγγενής ομορφιά», «Στη θέληση να ‹αποδεικνύεις› πάρα πολλά», «Στο μάτι του νου», «Φαντασμαγορία», «Απόλαυση», «Κόκκινο κινδύνου».

Το τελευταίο ποίημα («Κόκκινο κινδύνου»), το οποίο βασίζεται σε μια παιδική ανάμνηση, «όταν ήμουν πέντε», πρέπει, αν βασίζεται σε πραγματική εμπειρία, να βρίσκεται στην Ινδία, αλλά η πρόταση ότι η πορφυρή νταμιτζάνα στη βιτρίνα του φαρμακείου ήταν «εκείνο το σήμα κινδύνου στης Ζωής την πύλη που ανοιγόταν», ανοίγει την πύλη σε μια σειρά ποιημάτων (από το «Δέλεαρ» έως το «Υλιστικό σύμπαν»), στα οποία ο Στεφανίδης αναλογίζεται τους κινδύνους που αντιμετωπίζει η ανθρωπότητα εξαιτίας των διαφόρων εξελίξεων του εικοστού αιώνα. Ακολουθούν πέντε φιλοσοφικά ποιήματα για τη φύση του Ανθρώπου και την ύπαρξη (από το «Ευρυμάθεια» έως το ποίημα «Κατάληξη»).

Στο «Αετός εναντίον αεροπλάνου» έχουμε ένα χιουμοριστικό ποίημα, στο οποίο ο Στεφανίδης μοιάζει να κοροϊδεύει ανάλαφρα την ίδια του τη δυσαρέσκεια για τις τόσες διαφορετικές πτυχές του σύγχρονου κόσμου – το θέμα τόσων πολλών προηγούμενων ποιημάτων.

Τα τελευταία έξι ποιήματα στο βιβλίο είναι όλα ποιήματα για τον πόλεμο. Τα πρώτα δύο μοιάζουν, από το περιεχόμενό τους, να ανήκουν στον Α΄ Παγκόσμιο Πόλεμο, όταν ο Στεφανίδης υπηρέτησε στο Μακεδονικό Μέτωπο σε ένα ελληνικό σύνταγμα πυροβολικού, ενώ τα άλλα τέσσερα είναι από τον Β΄ Παγκόσμιο Πόλεμο, κατά τον οποίο υπηρέτησε στο Βασιλικό Υγειονομικό Σώμα του Βρετανικού Στρατού. Τα πρώτα τρία από αυτά ανήκουν στην εκστρατεία της Δυτικής Ερήμου, ενώ το τελευταίο αναφέρεται στις προγενέστερες εμπειρίες του στην Κρήτη. Μάλιστα, ο τίτλος "Climax in Crete", είναι επίσης και τίτλος του τόμου του Στεφανίδη με απομνημονεύματα από τον Β΄ Παγκόσμιο Πόλεμο, ο οποίος εκδόθηκε το 1946.

Κάνοντας την επιμέλεια στα αγγλικά κείμενα των ποιημάτων, έχω κάνει μια συστηματική αλλαγή και λίγες περιστασιακές. Η συστηματική αλλαγή (αντίστοιχη με την επιμέλειά μου σε άλλες ποιητικές συλλογές μεταφρασμένες από τον Στεφανίδη ή σε δικά του ποιήματα, έργα τα οποία έχουν ήδη εκδοθεί ή πρόκειται να εκδοθούν) έγκειτο στο να αφαιρεθούν τα αμετάβλητα (αλλά πλέον απαρχαιωμένα) αρχικά κεφαλαία γράμματα στην αρχή κάθε στίχου. Εξαίρεση αποτελούν οι περιπτώσεις όπου η πρώτη λέξη ενός στίχου αποτελεί την πρώτη λέξη μιας πρότασης, ή μια λέξη ξεκινάει με κεφαλαίο, ή όταν η λέξη ξεκινάει με κεφαλαίο γράμμα από τον ίδιο το Στεφανίδη για να της δώσει ένα ειδικό κύρος ή για να υποδείξει προσωποποίηση.

Σε ορισμένες περιστάσεις έχω διορθώσει τον τρόπο γραφής μιας λέξης ή έχω αλλάξει τη στίξη που θα μπορούσε να οδηγήσει σε λάθος ανάγνωση, αλλά έχω αφήσει όλες τις σύνθετες λέξεις του Στεφανίδη ενωμένες με παύλα, παρόλο που πολλές από αυτές θα τυπώνονταν συχνότερα ως μία λέξη ή δύο ξεχωριστές λέξεις.

Κάποιες προτεινόμενες χειρόγραφες διορθώσεις από τον ίδιο το Στεφανίδη, υπό τον τίτλο «Διορθώσεις για τη δεύτερη έκδοση (αν υπάρξει)» οι οποίες έφεραν την υπογραφή "T.S." (Θ.Σ.) και ημερομηνία την "19–10–68", βρέθηκαν στο πίσω μέρος ενός αντιτύπου της αρχικής έκδοσης, το οποίο παρουσίασε ο Στεφανίδης στον Άλαν και στην Έλλα Τόμας. Αυτές οι διορθώσεις έχουν ενσωματωθεί εδώ στα ποιήματα με τίτλο "The submerged garden", "Medieval wall", και "The Cage".

Ήταν μια ενδιαφέρουσα και διδακτική εμπειρία, ένα προνόμιο και μεγάλη ευχαρίστηση το να εργαστώ με τη Βέρα Κονιδάρη για την παραγωγή αυτού του βιβλίου, το να συνεργαστούμε στη μετάφραση των μεταξύ μας συνεισφορών στην εισαγωγική ενότητα αυτού του βιβλίου και τις σημειώσεις του τέλους όπως και οι συζητήσεις μας πάνω σε μικρές λεπτομέρειες σχετικές με τη μετάφραση των ίδιων των ποιημάτων. Θα θέλαμε να ευχαριστήσουμε τον Patrick Sammon για την διόρθωση των τυπογραφικών δοκιμίων.

Είμαστε ευγνώμονες στην κόρη του Στεφανίδη, Αλέξια Στεφανίδη-Μερκούρη, για την ενθάρρυνσή της και τη γενναιόδωρη άδειά της να εκδώσουμε ή να επανεκδώσουμε τα έργα του πατέρα της, και ειδικά την άδειά της για την έκδοση του παρόντος δίγλωσσου τόμου. Προς μεγάλη μας θλίψη, η Αλέξια απεβίωσε πριν φτάσει ο παρών τόμος στο πιεστήριο. Η παρούσα ποιητική συλλογή αφιερώνεται με στοργή στη μνήμη της ίδιας και του συζύγου της Σπύρου Μερκούρη, του οποίου ο θάνατος προηγήθηκε της Αλέξιας κατά λίγες μόλις εβδομάδες.

*Anthony Hirst, Νοέμβριος 2018*
*Λονδίνο και Bossay-sur-Claise*
*(Μεταφρασμένη από τη Βέρα Κονιδάρη)*

# TRANSLATOR'S PREFACE

The anglophone Greek poet Theodore Stephanides (1896–1983) is scarcely regarded as belonging to Modern Greek literature. Nevertheless he was a many-sided and distinctive personality in Greek letters, as well as a polymath, and by profession a doctor and radiologist who also concerned himself with biology and astronomy and published studies in those fields. In co-operation with George Katsimbalis (1899–1978) — editor, inspirational and significant figure among the Greek writers of the "Generation of the 30s", and dubbed "the Colossus of Marousi" by Henry Miller (1891–1980) — Stephanides translated Greek poetry into English.

Among his published original works are three collections of poetry in English, a study of Karaghiozis (the principal character of the traditional Greek Shadow Theatre), memoirs, and letters.

Theodore Stephanides, once described as a "one-man orchestra", is not included in any Greek poetic anthology (not least because he wrote in English, his poetry collections were circulated in Britain, and only a very few individual poems of his have been translated into Greek). Stephanides' three collections of poetry, all published in London, are *The Golden Face* (The Fortune Press, 1965) *Cities of the Mind* (The Fortune Press, 1969) and *Worlds in a Crucible* (The Mitre Press, 1973).

In the present volume, a translation (as *To Chryso Prosopeio*) of his first collection *The Golden Face*, the poems are rendered with the intent that as far as possible the aesthetic and moral weight of the words evident in the English originals should be reflected in the Greek, with the exception of rhyme, as the use of rhyme and meter in the translation of a poem presupposes a recreation, that is to say, a new poem. At the same time I have striven to retain the punctuation and all the distinctive formal elements, and to preserve the poetic rhythm, while the words with initial capitals, which the poet often uses to give force to certain concepts, are capitalised in the translation.

At the back of the book will be found the poet's own notes from the original English edition, as well as a some explanatory notes by the translator and the editor.

I have already translated Stephanides' next two collections of poetry with the intention and in the hope that they will be published in the future.

The distinctive features of Theodore Stephanides' poetry are the presence of nature, the influence of his various scientific and research interests (biology and more generally the exact sciences, mathematics, and astronomy, which nourishes the eternal interest of man in worlds beyond the earth — and it is no accident that a crater on the moon was named in Stephanides' honour) — but also Greek mythology, and philosophy. Stephanides considered himself out-of-date in poetry, but hoped, with a measure of humour, that in fifty or a hundred years his poetry would be appreciated.

## TRANSLATOR'S PREFACE

In *The Colossus of Maroussi* (1940) the memoir by Henry Miller with George Katsimbalis as its central focus, Stephanides appears many times. Let us look at some of those appearances.

The first meeting of Henry Miller and Theodore Stephanides:

> One day Theodore turned up — Dr Theodore Stephanides. He knows all about plants, flowers, trees, rocks, minerals, low forms of animal life, microbes, diseases, stars, planets, comets and so on. Theodore is the most learned man I have ever met, and a saint to boot. Theodore has also translated a number of Greek poems into English. It was in this way that I heard for the first time the name Seferis, which is George Seferiades' pen name. And then with a mixture of love, admiration and sly humour he pronounced for me the name Katsimbalis which, for some strange reason, immediately made an impression on me. That evening Theodore gave us hallucinating descriptions of his life in the trenches with Katsimbalis on the Balkan Front during the World War.

Henry Miller's visit to George Katsimbalis' house in Marousi:

> We had been asked to come early in order to watch the sunset. Stephanides had made a translation of some Greek poems — we were going to hear them in English. When we arrived Katsimbalis hadn't quite finished his nap. He was rather ashamed of being caught napping because he was always bragging about how little sleep he required. He came downstairs looking a bit foggy and pasty.

A visit to the Athens Observatory:

> The second event was a visit to the astronomical observatory in Athens, arranged for Durrell and myself by Theodore Stephanides who, as an amateur astronomer, has made admittedly important astronomical discoveries.

Lawrence Durrell, who introduced Miller to Stephanides in 1939, had come to live in Corfu in 1935 and Theodore Stephanides had become a friend of the Durrell family. He was then around forty years old, Lawrence Durrell around twenty-three. Stephanides entrusted to Durrell his unpublished notes about the island of Corfu from which Durrell drew rich materials for his well known book *Prospero's Cell*. The published correspondence between them covering the period 1961–1982 constitutes a treasure-house of information about the personalities and the intrigues of the period — artistic, social and political.

Theodore Stephanides was born in 1896 in India. His father was a cotton merchant from Smyrna and his mother was from the eminent and wealthy Rallis clan. In 1907 the family established themselves in Corfu. Theodore served in the Greek army from 1917 to 1922. At the Macedonian Front, where he served during the last eighteen months of the First World War, he met George Katsimbalis with whom he co-operated after the war in the translation and publication in English of first a selection from the poetry of Palamas (*Poems by Kostes Palamas*, 1925), followed by an anthology of the work of some of the best-known modern Greek poets of the period 1886–1925, among them Kostis Palamas, Konstantinos Kavaphis, Kostas Karyotakis, Yeoryios Drosinis, Aryiris Ephtaliotis, Konstantinos Chatzopoulos, Yerasimos Markoras, Lorentzos Mavilis and Kostas Ouranis, with the title *Modern Greek Poems* (1926).

Meanwhile, after leaving the army in August 1922, he went to Paris to study medicine, returning after completing his studies to Corfu where he opened an X-ray clinic and also pursued his interests in biology, specialising in the freshwater flora and fauna of Greece, and writing a study, *The freshwater biology of Corfu and of certain other regions of Greece*, which was published by the Academy of Athens in 1948. In 1929, with funding from the Rockefeller Foundation he went to Cyprus to investigate methods of controlling malaria.

During the Second World War, serving as an officer in the British Royal Army Medical Corps, he took part in the Battle of Crete and recounted his experiences in a book called *Climax in Crete* (1946). After the War he moved to London where he remained permanently until his death in 1983, working as a radiologist in a London hospital. When he retired in the late 1960s he and Katsimbalis resumed their work of translating Palamas and published four more volumes. In 1973 Stephanides published an account of his travels around the Greek islands with the title *Island Trails*. Later, after the death of Katsimbalis, Stephanides alone translated *Erotokritos*, an epic-dramatic poem by the seventeenth-century Cretan author Vitsentzos Kornaros (the translation was published after his death), and also the work of Sappho and other Ancient Greek poets, as well as some of the Karaghiozis scenarios, which appeared in *The Greek Gazette*.

At the time of writing, only two volumes of Stephanides — both published long after his death — are currently in print: a collection of reminiscences and poems with the title *Autumn Gleanings* (2011), which was a joint publication by the Durrell School of Corfu and the International Lawrence Durrell Society, and *Sweet-voiced Sappho* (Colenso Books, 2015) which contains English verse translations of poems by Sappho and other Ancient Greek authors.

Concluding this brief prefatory note, I want to offer my warmest gratitude to Anthony Hirst who is responsible for this edition, to the author and director of the Durrell Library of Corfu, Richard Pine, and to Vassilis Letsios, Assistant Professor in the Department of Foreign Languages, Translation and Interpretation of the Ionian University, for the relevant materials with which they have provided and continue to provide me, as well as for fruitful conversations with them and for their constructive scrutiny.

*Vera Konidari, Corfu,*
*March 2019*
*(Translated by Anthony Hirst)*

# EDITOR'S INTRODUCTION

It is clear from surviving typescripts that in his last years Stephanides was much pre-occupied with the idea of collecting all his poems together in one volume. He made a number of attempts at their re-organization as a single sequence, rather than simply putting together his three already published collections intact, followed by later unpublished poems. My initial inspection of these typescripts has left me unsure as to what his final intention for the re-organization of his poems was; and more detailed study is required. While my eventual aim is — after further study of the typescripts — to produce a large *Collected Poems* volume, gathering together all of Stephanides' original English poetry, published and unpublished, this is still some way off. The prospective publication of Vera Konidari's Greek translations of all of the poems in Stephanides' first poetic collection, *The Golden Face* (published in London in 1965), provided an opportunity to put the original English poems of this collection back into print alongside her translations.

For this book we have selected a page size of 170 x 244mm, which, with 11pt Garamond for the English poems and 10pt HellenicaU for the Greek, will allow for the longer lines of the Greek to fit the page width with no broken lines — Greek almost always requires far more letters than the equivalent English. The page format also allows for even the longest poems in the collection — longest in terms of line count — ("Dogs baying at the moon" and "Ending") to each fit on a single page. In the majority of cases there are two poems to each page. More pairings of consecutive poems could have been achieved, and pages with a single relatively short poem avoided, by modifying the sequence of the poems. This was, however, immediately ruled out, since it is evident that Stephanides thought very carefully about the arrangement of the eighty-four poems in this collection, and we have maintained his sequence without any change at all. The sequence is briefly described in the following paragraphs. It begins and ends with poems related to specific locations of Stephanides' life, beginning with London and Corfu and ending with locations in which he served in the two World Wars.

The first eleven poems, from "Coal train" to "London seagull" have London as their setting and in most cases this is explicit. The next poem, "Telegraph wires" could belong to a London context, but the fact that it refers to a childhood experience suggests that the context of the railway journey is either India or the family's travels in Europe between leaving India and finally settling in Corfu. This poem is thematically related to the next: the telegraph post giving way to the pylon, ironically referred to as a "Modern Upas Tree". "Modern Upas" could well belong to the London area, but the next seven poems, from "The submerged garden" to "Medieval wall" clearly belong to Corfu whether this is explicit or not. In the following poem, "Winds", the dominions of the Northwind and the Southwind could denote the northern and southern locations of Stephanides' life, but could equally well convey experiences within Greece, and with the next six poems, from "The Golden Face" to "Contrasts", we are clearly in Greek, but no longer Corfiot, contexts, with many allusions or explicit references to Greek mythology. Mythology is still in the background of "Wind-flower" and "Vain pursuit", about a flower and a butterfly respectively: Stephanides makes the connection between the anemone (wind-flower) and the mythological figure of Anemone wooed by Boreas (the personification of the North Wind), while the pursuit of a butterfly that finally escaped seems to be an analogy of erotic obsession; and the six poems that follow, from "Mirrors" to "Classic idyll" are all in various ways about the vicissitudes of human love.

In "Sunrise", "World's unknown", "Reply to Walt Whitman" and "Harvest moon" we have poems reflecting a scientist's perception of the wonders of the sky: sun, moon, planets and stars. With "The caged gorilla" we move into poems about the animal world; in "Decoy duck", "Memory", "Epitaph for a parrot" and "Mathematical problem" we have four poems of very different tenor but all about birds; they are followed by two poems on insects: "The butterfly" and "Midges". The midges in question are "among the trees" and this large group of poems taking their themes from perceptions of the universe and natural world ends with a poem on an uprooted tree, "The oak", evoking earlier poems with its references to "bird-song" and "long-dead lovers' [...] sigh" among the sounds evoked when the wind passes through its "sapless branches".

We come now to poems of a more philosophical cast, beginning with "The cage" — and note that the poems on the animal world began with "The *caged* gorilla". This cage, though, is more benign: it is a metaphor for poetry, and the poem starts from the words of Lu-Chi, "The Poet is he who traps Heaven and Earth in a Cage of Form". This poem on writing is followed by "Books" — a poem on reading, and the promise of unread books. Then come four poems on inspiration and/or aspiration ("The Upas Tree", "Pictures in the fire", "Pegasus" and "Light-shadowed").

The next poem "Permanence" is about how something as impermanent as the wind may create ripples in sand which have a permanent presence in the geological record. It is followed by two poems on the impermanence of Man ("Ice Age" and "The last day of Atlantis") and one on illusions ("Fata Morgana"). "Whispering fir-trees" which comes next relates closely to "The Oak", but introduces a group of poems on aesthetics, questioning the nature of "Beauty" and asking whether it is only, as the proverb has it, in the eye of the beholder: "Intrinsic beauty", "On wanting to 'prove' too much", "In the mind's eye", "Phantasmagoria", "Delight" and "Red for Danger". The last, based on a childhood memory ("when I was five") must, if based on a real experience, be located in India, but the suggestion that the crimson carboy in the window of a chemist's shop was "a danger signal at Life's opening gate" opens the gate to a series of poems (from "Lure" to "Materialist universe") in which Stephanides considers the dangers to humanity of various developments in the twentieth century. There follow five wryly philosophical poems on the nature of Man and existence (from "Erudition" to "Ending").

In "Eagle versus aeroplane" we have a humorous poem in which Stephanides seems to poke gentle fun at his own dislike of so many aspects of modernity — the theme of many of the preceding poems.

The last six poems in the book are all war poems. The first two seem, from their content, to belong to the First World War when Stephanides served on the Macedonian Front in a Greek artillery regiment, while the other four are from the Second World War in which he was in the British Royal Army Medical Corps. The first three of these belong to the campaign in the Western Desert, the last to his earlier experiences in Crete. Its title is also the title of his only published volume of Second World War memoirs, *Climax in Crete* (1946).

In editing the English texts of the poems I have made one systematic and a few occasional changes. The systematic change (as in my editing of other volumes of Stephanides' poetry translations or original poems, published or in preparation) is to remove his invariable (but now outdated) line-initial capitals, except where the first word of a line is the first word of a sentence, or a word normally capitalized, or capitalized in the poem by Stephanides to give it a special status or to indicate personification. I have occasionally corrected the spelling of a word or changed punctuation where it might lead to misreading, but I have left all of Stephanides' hyphenated compounds even though many of them would more often be printed as single words or as two separate words.

Some proposed revisions in the author's hand, headed "Corrections for a 2nd edition (if any)", signed "T.S." and dated "19–10–68", were found on the recto of the back end-paper of a copy of the original publication which Stephanides presented to Alan and Ella Thomas. These revisions have been incorporated here in "The submerged garden", "Medieval wall" and "The Cage".

It has been an interesting and instructive experience, a privilege and a great pleasure to work with Vera Konidari in the production of this book; to co-operate in the translations of each other's contributions to this introductory section of the book and to the Notes at the end; and to debate minor details in the translation of the poems themselves. We would like to thank Patrick Sammon for his proofreading of the entire book.

We are grateful to Stephanides' daughter, Alexia Stephanides-Mercouri, for her encouragement, and her generous permission to publish or republish her father's works, and in particular permission to publish the present dual-language volume. To our great sorrow, Alexia died before this volume reached the press and it is fondly dedicated to her memory and to that of her husband, Spyros Mercouris, whose death preceded hers by only a few weeks.

*Anthony Hirst, November 2018*
*London and Bossay-sur-Claise*

# ΤΟ ΧΡΥΣΟ ΠΡΟΣΩΠΕΙΟ

# THE GOLDEN FACE

## COAL TRAIN
### (Near Paddington Station, January 1963)

A string of coal trucks glided past
on wheels that scarcely seemed to roll;
around them snow-flakes eddied fast
and piled in drifts upon the coal

until no trace of black was seen
but only shining heaps of white —
the coal might well have never been
so deeply was it hid from sight.

And, laden thus, the train moved slow
upon its way, late and sedate,
to some idyllic land where snow
is held to be a priceless freight.


## THE OLD MANOR HOUSE
### (Seen from a suburban train)

Once that old House was girt by meadows green,
and its wide windows opened to the sun
emerging eastward from a branching screen
of guardian chestnut-trees. When day was done,
a friendly moon climbed slowly up the sky
to shine into those windows till each pane
gleamed silver; silvery, too, the lullaby
sung by a joyous brook beyond the lane.

Now London's flood has drowned that old House deep,
gone are the meadows, gone the brook and trees;
encircling waves of brick and concrete creep
to bury it beneath their dismal seas.
Tall buildings top it, height on dreary height,
till sun and moon scarce know that it is there —
but its grimed broken panes reflect each night
a neon poster's red demented glare.

## Ο ΚΑΡΒΟΥΝΙΑΡΗΣ
*(Κοντά στο σταθμό Πάντιγκτον, Ιανουάριος 1963)*

Μια χορδή από βαγόνια με κάρβουνο κύλησε δίπλα
σε τροχούς που έμοιαζαν να κινούνται ελάχιστα·
γύρω τους χιονο-νιφάδες στροβιλίζονταν γοργά
και στοιβάχτηκαν σε σωρούς πάνω στο κάρβουνο

μέχρι που κανένα ίχνος μαύρου δεν φαινόταν
αλλά μόνο γυαλιστεροί λευκοί σωροί —
το κάρβουνο θα μπορούσε να μην είχε υπάρξει ποτέ
τόσο βαθιά που ήταν κρυμμένο.

Και, έτσι φορτωμένο, το τρένο κινήθηκε αργά
πάνω στο δρόμο του, καθυστερημένο και νηφάλιο,
σ' έναν τόπο ειδυλλιακό όπου το χιόνι
θεωρείται ανεκτίμητο φορτίο.


## Η ΠΑΛΙΑ ΕΠΑΥΛΗ
*(Όπως φαίνεται από ένα προαστιακό τρένο)*

Κάποτε κείνο το παλιό Σπίτι ήταν κυκλωμένο από πράσινα λιβάδια,
και τα φαρδιά του παράθυρα άνοιγαν στον ήλιο
που φανερωνόταν ανατολικά από ένα διακλαδιζόμενο παραπέτασμα
από φύλακες καστανιές. Όταν η μέρα τελείωνε,
ένα φιλικό φεγγάρι σκαρφάλωνε αργά στον ουρανό
για να λάμψει μέσα σε εκείνα τα παράθυρα μέχρι που κάθε τζάμι
έλαμπε σαν ασήμι· ασημένιο, επίσης, ήταν το νανούρισμα
που τραγουδούσε ένα χαρούμενο ρυάκι πέρα απ' το δρομάκι.

Τώρα η πλημμύρα του Λονδίνου έπνιξε πολύ κείνο το παλιό Σπίτι,
χάθηκαν τα λιβάδια, χάθηκαν το ρυάκι και τα δέντρα·
γύρω του κύματα από τούβλα και τσιμέντο σέρνονται
για να το θάψουν κάτω από τις μουντές θάλασσες.
Ψηλά κτήρια το ξεπερνάνε, με κατασκότεινο ύψος,
μέχρι που ο ήλιος και το φεγγάρι λίγο ξέρουν ότι είναι εκεί –
αλλά τα μουτζουρωμένα σπασμένα παραθυρόφυλλα αντανακλούν κάθε νύχτα
μιας αφίσας από νέον την κόκκινη παράφρονα λάμψη.

## ESTATE
*(On seeing a dismantled
London cemetery, 1961)*

I always longed to own a plot
where I could plant a tree
to be a whispering messenger
between the stars and me.

But when at last a plot was mine
no tree could there be grown;
and from my circumscribed demesne
there sprouted but a stone.

This, even, is uprooted now
and propped against a wall;
now I have neither stone nor tree,
nor anything at all.


## ON SEEING A BLACKBIRD SINGING ON THE PETRIFIED TRUNK OF *PITYS WITHAMI* IN THE SOUTH KENSINGTON NATURAL HISTORY MUSEUM GARDEN

Three hundred million years ago I stood,
a lofty giant in an ancient wood;
there I enjoyed the sun, the winds, the dew,
but my green boughs no song-bird ever knew.

I died and sank into the ground,
the sun lapped once the Galaxy around;
then Man erected me upon this shelf,
a travesty in stone of my past self.

Once more I stand, flint wreckage of a tree —
but ah! at last a bird has sung to me.

**ΚΤΗΜΑ**

*(Βλέποντας ένα εγκαταλελειμμένο*
*λονδρέζικο κοιμητήρι, 1961)*

Πάντα λαχταρούσα να έχω ένα κομμάτι γης
όπου θα μπορούσα να φυτέψω ένα δέντρο
για να είναι ο αγγελιοφόρος των ψιθύρων
ανάμεσα σε μένα και τ' αστέρια.

Αλλά όταν επιτέλους εκείνο το κομμάτι γης έγινε δικό μου,
κανένα δέντρο δεν μπορούσε εκεί να μεγαλώσει·
και στην περικυκλωμένη κυριότητά μου
τίποτα δεν φύτρωσε εκτός από μια πέτρα.

Κι αυτή, ακόμα, έχει ξεριζωθεί
και στηρίζεται σε έναν τοίχο·
τώρα δεν έχω ούτε πέτρα ούτε δέντρο,
ούτε οτιδήποτε άλλο.


**ΒΛΕΠΟΝΤΑΣ ΕΝΑ ΚΟΤΣΥΦΙ ΝΑ ΤΡΑΓΟΥΔΑΕΙ**
**ΣΤΟΝ ΑΠΟΛΙΘΩΜΕΝΟ ΚΟΡΜΟ ΕΝΟΣ PITYS**
**WITHAMI ΣΤΟΥΣ ΚΗΠΟΥΣ ΤΟΥ ΜΟΥΣΕΙΟΥ**
**ΦΥΣΙΚΗΣ ΙΣΤΟΡΙΑΣ ΣΤΟ ΝΟΤΙΟ ΚΕΝΣΙΝΓΚΤΟΝ**

Πριν από τριακόσια εκατομμύρια χρόνια στεκόμουν,
ένας γίγαντας σε ένα αρχαίο δάσος·
εκεί απόλαυσα τον ήλιο, τους ανέμους, την πάχνη,
αλλά τα πράσινα κλωνάρια μου πτηνά ωδικά ποτέ δε γνώρισαν.

Πέθανα και βυθίστηκα σ' ελώδες έδαφος,
ο ήλιος τυλίχτηκε για μια ακόμα φορά γύρω από τον Γαλαξία·
έπειτα ο Άνθρωπος με έστησε πάνω σ' αυτό το ράφι,
μια παρωδία σε πέτρα του παλιού μου εαυτού.

Για μια φορά ακόμα στέκω, πέτρινο ερείπιο δέντρου —
αλλά αχ! επιτέλους ένα πουλί μου τραγούδησε.

## LONDON LIGHTS

How wonderful upon a frosty night
to watch the wheeling stars across the sky,
each quivering with its own exultant light,
each calling to the soul to leap on high
and follow in its wake on starry wings.

How wonderful it *was*: for now a flare
of man-made haze across the darkness flings
its neon curtain of reflected glare.
The blaze of posters, street-lights, coffee-bars
locks out the statelier radiance of the stars!


## LONDON PUBLIC LIBRARY
## — SATURDAY AFTERNOON

Book-cases, book-shelves by the score,
books and their choosers, more and more:
the housewife, teenager, and hag,
the clerk, the plumber with his bag . . .

And still they come — an endless crew.
Of all that crowd a very few
will ask for Shakespeare, or appease
a craving for Thucydides;

but most of them are there to kill
Old Father Time, and so they will
select a novel or a gory
time-immolating murder-story.

ΛΟΝΔΡΕΖΙΚΑ ΦΩΤΑ

*Πόσο υπέροχα μια παγωμένη νύχτα*
*να βλέπεις τα αστέρια να περιστρέφονται στον ουρανό,*
*το κάθε ένα να τρέμει με το δικό του ενθουσιώδες φως,*
*το κάθε ένα να καλεί την ψυχή να πηδήξει ψηλά*
*και ν' ακολουθεί τα ίχνη του με έναστρα φτερά.*

*Πόσο υπέροχα ήταν: διότι τώρα μια λάμψη*
*από ανθρώπινη ομίχλη στη σκοτεινιά απλώνει*
*την κουρτίνα νέον που αντανακλά αστράφτοντας.*
*Η άγρια λάμψη από ταμπέλες, φανάρια του δρόμου, καφέ-μπαρ,*
*κλειδώνει απέξω τη μεγαλοπρεπή ακτινοβολία των αστεριών!*


ΔΗΜΟΣΙΑ ΒΙΒΛΙΟΘΗΚΗ ΤΟΥ ΛΟΝΔΙΝΟΥ
— ΑΠΟΓΕΥΜΑ ΣΑΒΒΑΤΟΥ

*Βιβλιοθήκες, ράφια με την εικοσάδα,*
*βιβλία κι αυτοί που τα διαλέγουν, κι όλο και περισσότεροι:*
*η νοικοκυρά, ο έφηβος, κι η παλιόγρια,*
*ο υπάλληλος, κι ο υδραυλικός με την τσάντα του ...*

*Και ακόμα έρχονται — ένα ατέλειωτο σινάφι.*
*Από όλο αυτό το πλήθος πολλοί λίγοι*
*θα ζητήσουν Σαίξπηρ, ή θα κατευνάσουν*
*τη λαχτάρα τους για Θουκυδίδη·*

*οι περισσότεροι είναι εκεί για να σκοτώσουν*
*τον Γέρο Χρόνο, και έτσι θα*
*διαλέξουν μια νουβέλα ή μια βίαιη,*
*αστυνομική ιστορία, θυσιάζοντας τον χρόνο.*

## STORM OVER HYDE PARK

The wind's wild song in the gathering night
seems to be hounding the day to flight;
eerily plucking the vibrant boughs
of the trees like a monstrous harp, it soughs
and thrums low chords till, with rising shriek,
it swings the stave to a shriller peak.

High wails the wind; but that strident note
cannot long be held in its gusty throat,
and, scaling down to a sudden pause,
it makes no sound — then again it roars!
Once more a lull — then the querulous cheep
of a bird disturbed from its leafy sleep!

## ΘΥΕΛΛΑ ΣΤΟ ΧΑΪΝΤ ΠΑΡΚ

*Το άγριο τραγούδι στη νύχτα που πέφτει*
*φαίνεται σαν να κυνηγάει τη μέρα για να φύγει·*
*ανατριχιαστικά τραβάει τα ζωηρά κλαδιά*
*των δέντρων σαν πελώρια άρπα, θροΐζει*
*και παίζει χαμηλές χορδές μέχρι που, με τσίριγμα που μεγαλώνει,*
*στρίβει το πεντάγραμμο σε μια πιο οξεία κορυφή.*

*Δυνατά θρηνεί ο άνεμος· αλλ' αυτή η στριγκιά νότα*
*δεν μπορεί να κρατηθεί για πολύ στον ριπαίο λαιμό,*
*και, κατερχόμενη σε μια ξαφνική παύση,*
*δεν κάνει κανέναν ήχο — μετά ξανά μουγκρίζει!*
*Και πάλι ανάπαυλα — και μετά το μεμψίμοιρο τιτίβισμα*
*από ένα πουλί ενοχλημένο στον ύπνο του μέσα στα φύλλα.*

## ENCROACHING LIGHTS

I sit beneath a starry sky
and trees about me gather near,
I feel their presence and I hear
a green contentment in their sigh.

Peace hems me in; a cricket trills;
I breathe the sweet night-flowering stock,
the wheeling stars my only clock,
and all around the sleeping hills.

A ring of hills save for one rift
on the horizon far away;
and through that gap a crimson ray,
a ruby glow begins to sift.

A luminescence climbs the night,
a scarlet fan of radiance shines,
the hill's dark ridges it outlines
and mingles with the stars its light.

How lovely yet how grim that arch
of rose reflected in the air . . .
for distance dims the neon's glare
but cannot stay the City's march.

## ΔΙΕΙΣΔΥΤΙΚΑ ΦΩΤΑ

Κάθομαι κάτω απ' τον έναστρο ουρανό
και δέντρα γύρω μου μαζεύονται κοντά,
νιώθω την παρουσία τους και ακούω
μια πράσινη χαρά στον αναστεναγμό τους.

Ειρήνη γύρω μου· ένας γρύλος τραγουδάει·
ανασαίνω τη γλυκιά οσμή από νυχτολούλουδα,
τ' αστέρια γύρω μου είναι το ρολόι μου,
και παντού τριγύρω οι λόφοι που κοιμούνται.

Ένας δακτύλιος λόφων εκτός από ένα ρήγμα
πέρα μακριά στον ορίζοντα·
και μέσα απ' το κενό μια πορφυρή ακτίνα,
μια κατακόκκινη λάμψη ξεκινάει να κοσκινίζει.

Μια φωταψία σκαρφαλώνει τη νύχτα,
μία άλικη βεντάλια ακτινοβολίας λάμπει,
τα σκοτεινά ρήγματα των λόφων φανερώνει
και αναμιγνύει το φως της με τ' αστέρια.

Πόσο ωραία αλλά και πόσο μουντή αυτή η αψίδα
που ροδαλά αντανακλάται στον αέρα . . .
η απόσταση χαμηλώνει την άγρια λάμψη του νέον,
αλλά δεν μπορεί να διακοπεί της Πόλης η επέκταση.

## THIS IS THEIR LIFE

In compact phalanxes they rush,
as once had rushed the swine,
deep down into the bowels of earth
upon a steep incline.

And then they sit in rows or stand
with weary vacant eyes
that look as if they'd never seen,
nor hoped to see the skies.

They journey thus far in the depths,
east, west, or north, or south;
but this is strange: none seem to hold
an obol in the mouth.

*ΑΥΤΗ ΕΙΝΑΙ Η ΖΩΗ ΤΟΥΣ*

*Σε συμπαγείς φάλαγγες ορμούν,*
*όπως κάποτε οι χοίροι είχαν ορμήσει,*
*βαθιά κάτω στα έγκατα της γης*
*πάνω σε μιαν απότομη κλίση.*

*Και μετά κάθονται σε σειρές ή στέκουν*
*με κουρασμένα άδεια μάτια*
*με βλέμμα σαν να μην είχαν δει ποτέ,*
*ούτε είχαν ελπίσει να δουν τους ουρανούς.*

*Έτσι ταξιδεύουν μακριά στα βάθη,*
*ανατολικά, δυτικά, ή βόρεια, ή νότια·*
*αυτό είναι το παράξενο: κανείς δεν μοιάζει να κρατά*
*έναν οβολό στο στόμα.*

## LONDON SKY-SCRAPER

A gracious house once stood
where sprawls that rubble-heap,
for many hearts and hopes
had held it in their keep.

But gold will not be baulked
and, though its walls were sound,
the house-breakers were called
to beat them to the ground.

Soon, where a home once dreamed
amid a garden gay,
where flowers spiced the air
and children laughed in play,

an office block will raise
its frame of glass and steel,
and eyes will follow clocks
as leaden hours unreel.

What then will they become,
where will the sad ghosts roam
who lingered on, earthbound,
for love of their old home?

To some exiled retreat
will they, bewailing, pass? —
or will they haunt, bemused,
those miles of steel and glass?

*ΟΥΡΑΝΟΞΥΣΤΗΣ ΤΟΥ ΛΟΝΔΙΝΟΥ*

Ένα επιβλητικό σπίτι κάποτε έστεκε
εκεί που απλώνεται ένας σωρός από μπάζα,
γιατί πολλές καρδιές και ελπίδες
το είχαν στη φροντίδα τους.

Αλλά το χρυσάφι δεν εμποδίζεται
και, παρά το ότι οι τοίχοι ήταν γεροί,
οι κατεδαφιστές σπιτιών κλήθηκαν
να τους κατεδαφίσουν.

Σύντομα, εκεί που κάποτε ένα σπίτι ονειρευόταν
μέσα σε χαρούμενο κήπο,
όπου τα λουλούδια αρωμάτιζαν τον αέρα
και παιδιά γελούσαν στο παιχνίδι,

μια ομάδα γραφείων θα υψωθεί
ο σκελετός τους από γυαλί και ατσάλι,
και τα μάτια θα ακολουθούν ρολόγια
ενόσω οι μολύβδινες ώρες ξετυλίγονται.

Τι λοιπόν θα απογίνουν,
πού τα λυπημένα φαντάσματα θα περιφέρονται
ενώ παρέμεναν κολλημένα στη γη,
από αγάπη για το παλιό τους σπίτι;

Σε κάποιο καταφύγιο εξόριστα
θα περάσουν, θρηνώντας; —
ή θα στοιχειώσουν, σαστισμένα,
αυτά τα μίλια από ατσάλι και γυαλί;

## LONDON SEAGULL

Come sun, come rain, I roam the main
where northern ice-bergs toss;
or, if I please, in southern seas
I greet the albatross.

Should liners try to pass me by,
I let them puff and grind;
then, up their wake, I overtake
and leave them far behind.

Sometimes for fun I taunt the sun
and climb towards its light;
why make a fuss of Icarus? —
*my* wings stay on all right!

When storms assail, I face the gale
and soar across the sky,
where I delight to steer my flight
into the whirlwind's eye.

But if too fast and fierce the blast,
why then I draw the line;
I seek the shore and hail once more
the good old Serpentine!

## ΛΟΝΔΡΕΖΙΚΟΣ ΓΛΑΡΟΣ

Έλα ήλιε, έλα βροχή, διατρέχω την ανοιχτή θάλασσα
όπου βορινά παγόβουνα στριφογυρίζουν·
ή, αν αρέσκομαι, σε νότιες θάλασσες
χαιρετώ τα άλμπατρος.

Αν τα πλοία της γραμμής θέλουν να με περάσουν,
τ' αφήνω να φυσάνε και να ξεφυσάνε·
μετά, στ' απόνερά τους, τα προσπερνώ
και τ' αφήνω πίσω μακριά μου.

Μερικές φορές γι' αστείο πειράζω τον ήλιο
και σκαρφαλώνω προς το φως του·
γιατί τόση φασαρία για τον Ίκαρο; —
τα φτερά μου στέκονται πάνω μου μια χαρά!

Όταν καταιγίδες επιτίθενται, ατενίζω τη θύελλα
και πετώ ψηλά στον ουρανό,
όπου χαίρομαι να οδηγώ την πτήση μου
στο μάτι του κυκλώνα.

Αλλ' αν η ορμή είναι γρήγορη και σφοδρή,
τότε χαράσσω τη γραμμή·
γυρεύω την ακτή και χαιρετώ άλλη μια φορά
την παλιά καλή λίμνη Σερπεντάιν!

## TELEGRAPH WIRES
## SEEN FROM THE TRAIN

When looking from the train in childhood days,
I thought those fluttering wires were living things
and that, like birds, they rose on airy wings
to seek their freedom in the sun's bright rays.

But every time escape was almost won,
a cruel post, as it came swooping by,
would snatch those soaring wires out of the sky
and hold them from the heavens and the sun.

I pitied those poor wires: up high, then back;
so near achievement, yet foredoomed to fail —
I wished that I could turn into a gale
and leave uprooted posts all down the track!


## MODERN UPAS

All beauty has been banished from a world
where robots lurch on their methodic round,
and where the chimneys' sooty clouds down-curled
begrime the mist that seeps into the ground.

The derricks jut where once the larches grew
and box-like buildings cluster bolt-upright;
no freshness is there in the morning dew,
no rest or silence in the darkless night.

Across drab lands where flowers are no more
sprawl blackened ways that bear the rushing wheel;
and over, under all from shore to shore
is meshed and wound a tangled web of steel.

The Pylon is the bole grown from that net
of wire-wove roots invading every place,
the Modern Upas Tree . . . and yet . . . and yet . . .
its tapering form is not without its grace . . .

*ΒΛΕΠΟΝΤΑΣ ΣΥΡΜΑΤΑ*
*ΤΗΛΕΓΡΑΦΟΥ ΑΠΟ ΤΟ ΤΡΕΝΟ*

*Όταν κοιτούσα απ' το τρένο στις μέρες της παιδικής μου ηλικίας,*
*νόμιζα πως αυτά τα καλώδια που ανέμιζαν ήταν ζωντανά πράγματα*
*και ότι, σαν πουλιά, σηκώνονταν σε αέρινα φτερά*
*γυρεύοντας την ελευθερία τους στις λαμπρές ακτίνες του ήλιου.*

*Αλλά κάθε φορά που η απόδραση είχε σχεδόν κερδηθεί,*
*ένας βάναυσος στύλος, όπως ερχόταν ορμώντας,*
*άρπαζε αυτά τα ανερχόμενα καλώδια από τον ουρανό*
*και τα κρατούσε από τους ουρανούς και τον ήλιο.*

*Λυπόμουν αυτά τα φτωχά καλώδια: πάνω ψηλά, μετά πίσω·*
*τόσο κοντά στη νίκη, όμως καταδικασμένα εκ των προτέρων ν' ατυχήσουν —*
*ευχόμουν να μπορούσα να μεταμορφωθώ σε θύελλα*
*και να αφήσω ξεριζωμένους στύλους παντού στις γραμμές!*


*ΕΝΑ ΜΟΝΤΕΡΝΟ UPAS*

*Όλη η ομορφιά έχει εξοριστεί από έναν κόσμο*
*όπου ρομπότ κινούνται απότομα με τους μεθοδικούς τους κύκλους,*
*και όπου τα στριφογυριστά σύννεφα καπνού των καμινάδων*
*ρυπαίνουν την ομίχλη που ποτίζει το έδαφος.*

*Οι γερανοί προβάλλουν εκεί όπου κάποτε μεγάλωναν αγριόπευκα*
*και κτήρια σαν κουτιά στοιβάζονται κατακόρυφα·*
*καμιά φρεσκάδα δεν υπάρχει στην πρωινή πάχνη,*
*καμιά ξεκούραση ή σιωπή στη χωρίς σκοτάδι νύχτα.*

*Σε άχρωμα εδάφη όπου δεν υπάρχουν πια λουλούδια*
*απλώνονται μαυρισμένοι δρόμοι που υπομένουν τον ορμητικό τροχό·*
*και πέρα, κάτω απ' όλα από στεριά σε στεριά*
*είναι δικτυωμένο και τυλιγμένο ένα μπερδεμένο πλέγμα από ατσάλι.*

*Ο Πυλώνας είναι ο κορμός που μεγαλώνει από αυτό το δίκτυο*
*από κεντημένες από σύρμα ρίζες που εισβάλουν σε κάθε μέρος,*
*το Μοντέρνο Δέντρο Upas ... και όμως ... και όμως ...*
*η στενεμένη του μορφή έχει τη χάρη της ... κι αυτή ...*

## THE SUBMERGED GARDEN
(Kassiopi, Corfu, 1939)

Beneath the sea, upon a calm clear day,
a tessellated pavement can be seen
to mark the foreland where a Garden green
once knew both whispered word and laughing play.

Red roses flamed where now red corals hide,
and lilies waved where sea-weeds flutter light;
the nightingale sang, when the moon was bright,
in that same nook where voiceless fishes glide.

But still the well that was the Garden's shrine,
with sponges girt, its marble coping shows;
and from it still a limpid current flows
to blend its sweetness with the bitter brine.


## ANACHRONISM

A caïque glides across the bay,
her curved lateen a wing of white —
the Nereids must surely play
around her bows in sheer delight . . .
But as she nears with hull a-gleam,
her thudding diesel kills the dream!

## Ο ΒΥΘΙΣΜΕΝΟΣ ΚΗΠΟΣ
*(Κασσιώπη, Κέρκυρα, 1939)*

Κάτω από τη θάλασσα, μια ήρεμη καθαρή μέρα,
μπορεί κάποιος να δει ένα λιθόστρωτο
στο ακρωτήρι εκεί όπου κάποτε ένας πράσινος Κήπος
γνώριζε λέξεις ψιθυριστές και παιχνίδια χαρωπά.

Κόκκινα τριαντάφυλλα έλαμπαν εκεί που τώρα κρύβονται
κόκκινα κοράλλια, και κρίνα κυμάτιζαν εκεί όπου φύκια
ανεμίζουν ανάλαφρα, κελαηδούσε το αηδόνι όταν έλαμπε η σελήνη,
στην ίδια κόχη όπου άλαλα ψάρια τώρα γλιστρούν.

Αλλά ακόμα το πηγάδι, που ήταν ο ναός του Κήπου,
περιζωσμένο από σπόγγους, φανερώνει το μαρμάρινο επιστέγασμά του
και από αυτό ένα κρυστάλλινο ρυάκι κυλά ακόμη
ανακατεύοντας τη γλύκα του με το πικρό θαλασσινό νερό.


## ΑΝΑΧΡΟΝΙΣΜΟΣ

Ένα καΐκι κυλάει στον κόλπο,
το καμπυλωτό του πανί ένα λευκό φτερό —
οι Νηρηίδες πρέπει σίγουρα να παίζουν
γύρω από τις πλώρες του με απόλυτη χαρά . . .
Αλλά, όπως πλησιάζει με το κύτος να ακτινοβολεί,
η βροντερή του μηχανή σκοτώνει το όνειρο!

## DOGS BAYING AT THE MOON
(Corfu, July 1935)

The village dogs were baying at the moon
that hung, a golden globe, above the sea.

"Poor brutes!" remarked the passing fisherman,
"Home-sickness is a very fearful thing —
have I not known it as a cabin-boy,
upon my first far journey, when I could
have drowned myself from longing for my home
and for the island I had left behind!
Home-sickness can be very terrible,
can tear the heart out of all living creatures
whether they run on two legs or on four."

The fisherman, observing my surprise,
paused on his way. "A stranger? In your country
is it not known that yonder moon you see
was once the dogs' first home? Aye, dogs and wolves,
jackals and foxes too, the whole dog-tribe,
they all lived on the moon, long, long ago;
loved it as we ourselves love our dear homes,
and knew up there a happy life and free.
But evil overtook them. Who can say
perhaps it was their Eden and they sinned.
Or else, perhaps, they were too happy there;
too great a happiness will ever draw,
will ever breed an even greater sorrow.
Be as it may, a jealous fate soon drove
the poor dog-peoples from the home they loved
(as, soon or late, we men are driven also)
and banished them to this far earth below.

"But dogs remember their old homeland yet
and, when the full-moon rises in the sky,
an ancient longing rises in their hearts
to tell them of their long-lost homes and joys.
It is the voice of home-sickness that throbs
in those long wailing cries towards the moon,
the saddest sound that ever reached the ear,
for in its pain both man and beast are one."

## ΣΚΥΛΙΑ ΟΥΡΛΙΑΖΟΥΝ ΣΤΟ ΦΕΓΓΑΡΙ
*(Κέρκυρα, Ιούλιος 1935)*

Τα σκυλιά του χωριού ούρλιαζαν στο φεγγάρι
που κρεμόταν, μια χρυσή σφαίρα, πάνω από τη θάλασσα.

«Φτωχά κτήνη!» παρατήρησε ο περαστικός ψαράς,
«Η νοσταλγία είναι ένα πολύ τρομακτικό πράγμα —
σαν να μην τό 'ξερα ως καμαρότος,
στο πρώτο μου μακρινό ταξίδι, όταν θα μπορούσα
να είχα πνιγεί λαχταρώντας το σπίτι μου
και το νησί που είχα αφήσει πίσω!
Η νοσταλγία μπορεί να είναι πολύ τρομερή,
μπορεί να ξεσκίσει την καρδιά απ' όλα τα ζωντανά πλάσματα
είτε τρέχουν στα δύο πόδια είτε στα τέσσερα».

Ο ψαράς, παρατηρώντας την έκπληξή μου,
κοντοστάθηκε στο δρόμο του. «Ένας ξένος; Στη χώρα σου
δεν είναι γνωστό ότι εκείνο το φεγγάρι που βλέπεις
ήταν κάποτε των σκύλων το πρώτο σπίτι; Ναι, σκύλοι και λύκοι,
τσακάλια κι αλεπούδες, επίσης, ολόκληρη η σκυλο-φάρα,
όλοι ζούσαν στο φεγγάρι, πολύ, πολύ παλιά·
το αγαπούσαν, όπως εμείς αγαπάμε τα αγαπημένα σπίτια μας,
και ζούσαν εκεί πάνω ευτυχισμένοι κι ελεύθεροι.
Αλλά το κακό τους κυρίευσε. Ποιος μπορεί να πει,
ίσως ήταν η Εδέμ τους κι αμαρτήσανε.
Ή αλλιώς, ίσως, ήταν υπερβολικά ευτυχισμένοι εκεί·
η υπερβολική ευτυχία πάντα θα φέρνει,
πάντα θα εκτρέφει μια ακόμα μεγαλύτερη δυστυχία.
Όπως και νά 'ναι, μια ζηλιάρα μοίρα σύντομα οδήγησε
τον φτωχό λαό των σκυλιών από το σπίτι που αγάπησαν
(όπως, αργά ή γρήγορα, κι εμείς οι άνθρωποι οδηγούμαστε επίσης)
και τους έδιωξε σ' αυτήν την μακρινή κάτω γη.

«Αλλά οι σκύλοι θυμούνται ακόμα την παλιά τους πατρίδα
και, όταν η πανσέληνος ανεβαίνει στον ουρανό,
μια αρχαία λαχτάρα υψώνεται στην καρδιά τους
για να τους πει για τα χαμένα από καιρό σπίτια τους και τις χαρές τους.
Είναι η φωνή της νοσταλγίας που πάλλεται
σε αυτές τις μακρές θρηνητικές κραυγές προς το φεγγάρι,
ο πιο λυπημένος ήχος που έφθασε ποτέ στο αυτί
γιατί στον πόνο του μαζί άνθρωπος και κτήνος γίνονται ένα».

## THE CATCH

Upon a rock the fisherman
stands ready with his casting-net.
He sees a shoal of sparks that swerve,
disperse, collect; he bends, all set,
and then his arm whirls in a curve.

The net goes swirling through the air,
a perfect disk above the sea,
a disk of equal symmetry
is mirrored till they merge. That pair
a disk of foam brings up to three;
and then a final disk lies there
upon the sunken sand. Four brims
have held within their fleeting rims
a section slice from Space and Time —
transcendent capture and sublime!

(The fisherman, had he his wish,
would opt, perhaps, for just plain fish.)


## THE STUNTED ELM
(Corfu, July 1961)

I saw the spot where often, long ago,
I sat beside a reedy water-hole.
One thing had not been altered by the slow
parade of time: the bent and stunted bole
of a small elm — it stood there eight-foot high
as if the last score years had not passed by.

There stood that tree. It looked the very same,
though in those twenty years the stricken world
had quaked to bedrock, its atomic frame
in mushroom cloud towards the heavens hurled! . . .
Yet there that elm, with the dead past a bond,
Still watched its changeless image in the pond.

## Η ΨΑΡΙΑ

Πάνω σε ένα βράχο ο ψαράς
στέκεται έτοιμος με το δίχτυ του.
Βλέπει ένα κοπάδι από σπίθες να ελίσσεται,
να διασκορπίζεται, να μαζεύεται· σκύβει, όλα έτοιμα,
και μετά το μπράτσο του στρίβει σε μια καμπύλη.

Το δίχτυ στροβιλίζεται στον αέρα,
ένας τέλειος δίσκος πάνω από τη θάλασσα,
ένας δίσκος απόλυτα συμμετρικός
καθρεφτίζεται μέχρι να ενωθούν. Εκείνο το ζευγάρι
κι ένας δίσκος από αφρό ανεβάζει το άθροισμα σε τρεις·
και έπειτα ένας τελικός δίσκος κείτεται εκεί
πάνω στη βυθισμένη άμμο... Τέσσερα γείσα
είχαν κρατήσει μέσα στα φευγαλέα χείλη τους
μια φέτα κομμένη από Χώρο και Χρόνο —
υπερβατική και μεγαλειώδης σύλληψη!

(Ο ψαράς, αν είχε μια ευχή,
ίσως θα διάλεγε απλά ψάρια).


## Η ΚΑΧΕΚΤΙΚΗ ΦΤΕΛΙΑ
*(Κέρκυρα, Ιούλιος, 1961)*

Είδα το σημείο όπου συχνά, πολύ παλιά,
καθόμουν δίπλα σ' έναν νερόλακκο με καλαμιές.
Ένα πράγμα δεν είχε αλλάξει από την αργή
παρέλαση του χρόνου: ο λυγισμένος και καχεκτικός κορμός
μιας μικρής φτελιάς — έστεκε εκεί οκτώ πόδια ψηλή
σαν τα τελευταία είκοσι χρόνια να μην είχαν περάσει.

Εκεί έστεκε εκείνο το δέντρο. Έμοιαζε ακριβώς το ίδιο.
Αν και σ' εκείνα τα είκοσι χρόνια ο πληγωμένος κόσμος
σείστηκε συθέμελα, ο σκελετός του
σε σύννεφο μανιταριού προς τους ουρανούς εκσφενδονίστηκε!...
Κι όμως εκεί εκείνη η φτελιά, με το νεκρό παρελθόν ως δεσμό,
ακόμα έβλεπε την απαράλλαχτη εικόνα της στη λίμνη.

## OCEAN PYRE

I stayed one night at a fisherman's cottage
that stood on the ocean brink alone,
and I sat till late by the flickering hearthside
and dreamt to the gale's long monotone.

I warmed my hands as the driftwood embers
were fondled by feelers of emerald fire,
and I saw the wreck of a broken figure-head
ablaze in the heart of that sea-born pyre.

And I heard it murmur: "How well that my travels
should finish thus for ever and aye;
for I pass with the billows of flame about me
and flying sparks for their wind-whipped spray."

## ΠΥΡΑ ΤΟΥ ΩΚΕΑΝΟΥ

Έμεινα μια νύχτα στην καλύβα ενός ψαρά
που ήταν μονάχη στην άκρη του ωκεανού,
κι έκατσα μέχρι αργά δίπλα στη φωτιά που σπινθήριζε
κι ονειρεύτηκα στης θύελλας την ατέλειωτη μονοτονία.

Ζέστανα τα χέρια καθώς η χόβολη από τα ξεβρασμένα ξύλα
χαϊδευόταν από κεραίες σμαραγδένιας φωτιάς.
Και είδα το ερείπιο ενός σπασμένου ακρόπρωρου
φλεγόμενο στην καρδιά αυτής της θαλασσογεννημένης φωτιάς.

Και το άκουσα να μουρμουρίζει: «Τι ωραία που τα ταξίδια
μου τελειώνουν για πάντα·
γιατί φεύγω με κύματα φωτιάς να με κατακλύζουν
και σπίθες που πετούν σαν ψιχάλες μαστιγωμένες απ' τον αέρα».

## MEDIEVAL WALL

The bomb that blew the newer wall away
revealed a lovely medieval wall
of yellow stone the patient years had burnished
until it glimmered back a tawny gold.
Along the crest of this half crumbled wall,
a wall walled-in that had not seen the sun
for six long centuries, there gazed a row
of marble heads with eyes aloof and blank,
indifferent to this strange modern world
that they were viewing now for the first time.
Above those heads there jutted still the base
of what had been a marble balcony
built in a statelier and more courtly age.

This ruined base above a ruined wall,
that modern war's fierce blast had thus exposed,
was once the focus of a bygone world
with all its pageantry and proud display.
For here once sat the smiling Queens of Love,
Fair Ladies urging on their chosen knights,
their lovers, husbands, brothers, fathers, sons,
as now, to deeds of arms — to thrust and maul
and maim each other in the lists below.

*ΜΕΣΑΙΩΝΙΚΟΣ ΤΟΙΧΟΣ*

*Η βόμβα που ανατίναξε τον νεότερο τοίχο
αποκάλυψε έναν υπέροχο μεσαιωνικό τοίχο
από κίτρινη πέτρα που τα χρόνια με υπομονή είχαν γυαλίσει
μέχρι να καθρεφτιστεί η λάμψη του καστανόξανθου χρυσού.
Στην κορυφή αυτού το μισογκρεμισμένου τοίχου
ένας τοίχος εσώκλειστος που δεν είχε δει τον ήλιο
για έξι ατέλειωτους αιώνες, εκεί ατένιζε μια σειρά
από μαρμάρινες κεφαλές με μάτια απόμακρα και κενά,
αδιάφορα σ' αυτόν τον παράξενο μοντέρνο κόσμο
που τώρα έβλεπαν για πρώτη φορά.
Πάνω από αυτές τις κεφαλές προεξείχε ακόμα η βάση
από κάτι που κάποτε ήταν ένα μαρμάρινο μπαλκόνι
χτισμένο σε μια πιο μεγαλόπρεπη και ευγενή εποχή.*

*Αυτή η φθαρμένη βάση πάνω από έναν φθαρμένο τοίχο,
που σφοδρή έκρηξη ενός μοντέρνου πολέμου αποκάλυψε,
ήταν κάποτε το επίκεντρο ενός κόσμου απ' τα παλιά
μ' όλη του την φαντασμαγορία και την υπερήφανη επίδειξη.
Γιατί εδώ κάποτε κάθονταν οι χαμογελαστές Βασίλισσες της Αγάπης,
Ωραίες Κυρίες που ενθάρρυναν τους εκλεκτούς τους ιππότες,
τους εραστές τους, συζύγους, αδερφούς, πατέρες, γιους
όπως τώρα σε εχθροπραξίες — να χτυπούν και να κακοποιούν
και να σακατεύουν ο ένας τον άλλο κάτω στην αρένα.*

## WINDS

The Northwind, whirling down the mountain passes,
shouts with the voice of dark exultant pines,
flinging a drift of snow across the grasses
slashing the lake with foam-upraking tines.
But further on, the Southwind's calm dominions
bask in the brightness of a southern day,
and breathe the balm of his caressing pinions:
rue, myrtle, cypress, olive, thyme, and bay.

Those two proud winds of heaven, each is master,
in turn each owns my soul ... Again, again,
they sway me reed-like to their battling wills.
I seek the Southwind's scented vales ... then vaster,
obsessing, calling, singing through my brain,
I hear the pines upon the Northwind's hills.

## THE GOLDEN FACE

From the dead Mycenae comes a Golden Face,
a Golden Face: a gleaming golden mask
that had a-down the years for only task,
deep in the darkness of the tomb, to grace
a crumbling skull. Now here, beneath the skies,
that Golden Face looks with slit golden eyes
upon a later world of men who know
a song that in its day was still unsung,
an Epic for whose hexametric flow
its race and place and time were all too young.

For when that mask was made, Troy stood entire
and unsired yet was Agamemnon's sire.

*ΑΝΕΜΟΙ*

Ο Βοριάς, που στροβιλίζεται στις διαβάσεις των βουνών,
κράζει με τη φωνή σκούρων θριαμβευτικών πεύκων,
ρίχνοντας σωρούς χιόνι στο γρασίδι,
σκίζοντας τη λίμνη, αφρούς σκαλίζοντας με τα σουβλερά του δόντια.
Αλλά, πιο μακριά, οι ήρεμες περιοχές του Νοτιά
απολαμβάνουν τη θαλπωρή μιας μέρας του νότου,
κι ανασαίνουν το βάλσαμο των χαϊδευτικών του φτερών·
απήγανος, μύρτιλο, κυπαρίσσι, ελιά, θυμάρι και δάφνη.

Εκείνοι οι δύο περήφανοι άνεμοι των ουρανών, καθ' ένας αφέντης,
εναλλάξ τους ανήκει η ψυχή μου . . . Ξανά, ξανά,
με λικνίζουν σαν καλαμιά στις πολεμικές τους ορέξεις.
Αναζητώ του Νοτιά τους αρωματισμένους κάμπους . . . μετά πιο δυνατά,
εμμένοντας, καλώντας, τραγουδώντας στο μυαλό μου,
ακούω τα πεύκα πάνω στους λόφους του Βοριά.

*ΤΟ ΧΡΥΣΟ ΠΡΟΣΩΠΕΙΟ*

Απ' τις νεκρές Μυκήνες έρχεται ένα Χρυσό Προσωπείο,
ένα Χρυσό Προσωπείο: μια αστραφτερή χρυσή μάσκα
που είχε σκοπό μοναδικό,
βαθιά στη σκοτεινιά του τάφου, να κοσμήσει
ένα κρανίο που κατέρρεε. Τώρα εδώ, κάτω απ' τους ουρανούς,
εκείνη η Χρυσή Μάσκα κοιτάει με σκιστά χρυσά μάτια
σε ένα ύστερο κόσμο από ανθρώπους που ξέρουν
ένα τραγούδι που στον καιρό της δεν είχε ακόμα τραγουδηθεί,
ένα Έπος του οποίου ο εξάμετρος στίχος,
η φυλή του, ο τόπος και ο χρόνος ήταν όλα πολύ νέα.

Γιατί, όταν αυτή η μάσκα είχε φτιαχτεί, η Τροία στεκόταν ολάκερη
κι αγέννητος ακόμα ήταν του Αγαμέμνονα ο πατέρας.

## TANAGRA FIGURINE

You trip so gaily, head flung back
and laughter in your eyes,
you seem to leave this earthly track
and dance into the skies.

So light and billowy your hair,
so jubilant your dress,
no one would think, to see you there,
no one would ever guess

that you had danced, when you were found,
two thousand years beneath the ground!


## THE SHIP OF ODYSSEUS

Seagulls, circling in the sun,
scream aloft their ancient cry,
wheel and follow, one by one,
foam-flakes blown across the sky.
Dolphins in familiar play
graze the galley's crimson side,
graze it but to dart away,
tumbling in and out the tide,
plunging past the slicing ram
where the bow-waves roll and slam.

*Homeward-bound to Island shore,*
*sails a Ship for evermore;*
*from the Storms of Time set free,*
*on her ageless Odyssey.*

## ΤΟ ΑΓΑΛΜΑΤΙΔΙΟ ΤΗΣ ΤΑΝΑΓΡΑΣ

Παραπατάς χαρούμενα, με το κεφάλι ριγμένο πίσω
και με γέλιο στα μάτια σου,
μοιάζεις ν' αφήνεις αυτή τη γήινη πορεία
και να χορεύεις στους ουρανούς.

Τόσο ελαφρά και κυματιστά τα μαλλιά σου,
τόσο χαρούμενο το φόρεμά σου,
κανένας δεν θα πίστευε, βλέποντάς σε εκεί,
κανείς δεν θα μπορούσε να μαντέψει

πως είχες χορέψει, όταν σε βρήκαν,
δυο χιλιάδες χρόνια κάτω από το έδαφος!


## ΤΟ ΠΛΟΙΟ ΤΟΥ ΟΔΥΣΣΕΑ

Γλάροι, κάνοντας κύκλους στον ήλιο,
ουρλιάζουν εκεί ψηλά την αρχαία τους κραυγή,
στριφογυρίζουν και ακολουθούν, ένας-ένας,
σαν νιφάδες αφρού πετούν στον ουρανό.
Δελφίνια σε γνώριμο παιχνίδι
αγγίζουν της γαλέρας την πορφυρή πλευρά,
την αγγίζουν κι εξακοντίζονται πέρα
πέφτοντας μέσα και έξω από τα κύματα,
βουτώντας πέρα από το κοφτερό έμβολο
όπου τα κύματα της πλώρης κυλούν και χτυπούν.

Με προορισμό την επιστροφή σε ακτή Νησιού,
ένα Πλοίο σαλπάρει αιωνίως·
από τις Τρικυμίες του Χρόνου ελευθερώθηκε,
στην αιώνια Οδύσσεια του.

## ODYSSEUS

I loved that island home of mine too well,
too well I loved each cape each rock, each tree;
each had become a living nerve to me,
a fibre of my soul, another spell
to fetter me to Ithaca's sweet shore.
The scent of thyme and myrtle haunts me still,
the skirl of the cicada seems to fill
my universe. I dream and see once more
a setting sun rise in my memory
to gild anew, the whole horizon round,
remembered hills reflected on the wave.

All this I see and yet I cannot see,
I cannot hear or feel — I lie earthbound,
for I am homesick still beyond the grave.


## NIGHTSCAPE
(Lake of Jannina, September 1938)

Night-bound upon a lake
I sail through waters dark;
the muffled ripples make
hushed murmurs round my barque.
Dark trees across the land
a darker shadow throw,
like sentinels they stand
to guard the lake below,
and from the lake's dark moat
bright star reflections peer.

With stars above me high
and stars beneath my boat,
a course I seem to steer
across a star-bound sky.

## ΟΔΥΣΣΕΑΣ

Αγάπησα εκείνο το νησί που είναι σπίτι μου πολύ,
αγάπησα πολύ κάθε ακρωτήρι, κάθε βράχο, κάθε δέντρο·
το καθένα είχε γίνει ένα ζωντανό νεύρο μου,
μια ίνα της ψυχής μου, ένα άλλο ξόρκι
να με δεσμεύει στης Ιθάκης τη γλυκιά ακτή.
Η μυρωδιά από θυμάρι και μύρτιλο ακόμα με στοιχειώνει,
το τσίριγμα του τζιτζικιού μοιάζει να γεμίζει
το σύμπαν μου. Ονειρεύομαι και βλέπω ξανά
έναν ήλιο που δύει ν' ανατέλλει στην μνήμη μου
να χρυσώνει ξανά, ολόκληρο τον ορίζοντα τριγύρω,
λόφοι που θυμήθηκα αντανακλώνται στο κύμα.

Όλα αυτά βλέπω κι όμως δεν μπορώ να δω,
δεν μπορώ να ακούσω ή να νιώσω — είμαι στη γη καρφωμένος,
γιατί νοσταλγώ το σπίτι μου ακόμα και κάτω από τον τάφο.


## ΝΥΧΤΕΡΙΝΟ ΤΟΠΙΟ
*(Λίμνη Ιωαννίνων, Σεπτέμβρης 1938)*

Νυχτερινός πάνω σε λίμνη,
αρμενίζω σε σκοτεινά νερά·
τα πνιχτά κυματάκια
μουρμουρίζουν ήσυχα γύρω από το μπάρκο μου.
Σκούρα δέντρα πάνω στη γη
μια πιο σκούρα σκιά ρίχνουν,
στέκονται σαν φρουροί
για να φυλάξουν τη λίμνη από κάτω,
και από της λίμνης τη σκούρα τάφρο
αντανακλάσεις φωτεινών αστεριών προβάλλουν.

Με αστέρια πάνω μου ψηλά
και αστέρια κάτω από τη βάρκα μου,
μια πορεία φαίνεται να χαράσσω
σ' έναν έναστρο ουρανό.

## CONTRASTS
(Mount Olympus, July 1938)

A winding wound deep in the mountain's breast,
a gash through which the gushing spray is hurled;
steep fir-clad slopes; and there a snowy crest:
the Throne of Zeus upborne beyond the world.
Steep fir-clad slopes, run after storeyed run,
trees of the North, dark mystical and grim,
in alien-seeming muster, gaunt and prim,
among the laurels of a Southern sun.

But night has fallen, and those trees now take
another semblance in the protean dark:
from fir to laurel, spire on glittering spire,
the fire-flies weave their scintillating wake,
and in their dance, spark chasing after spark,
knit North to South with links of living fire.


## WIND-FLOWER

Anemone once loved
the wild North-wind that blows
when March's chrysoprase
shines through the snows.

Her eye of amethyst
peered from the brittle grass,
as she turned eagerly
to watch him pass.

Boreas read her heart
and, boisterous in his mirth,
her petals with a kiss
he dashed to earth.

## ΑΝΤΙΘΕΣΕΙΣ

*(Όρος Όλυμπος, Ιούλιος 1938)*

*Μια ελικοειδής πληγή βαθιά στο στήθος του βουνού,*
*μια χαρακιά που από μέσα της σύννεφο ορμητικό αναβλύζει*
*απόκρημνες με έλατα πλαγιές· και μια χιονισμένη βουνοκορφή:*
*ο Θρόνος του Δία που υψώνεται πάνω από τον κόσμο.*
*Απόκρημνες με έλατα πλαγιές, σειρές η μια πάνω απ' την άλλη,*
*δέντρα του Βορρά, σκούρα, μυστικιστικά, και ζοφερά,*
*συγκεντρωμένα σαν ξένα όντα, λιπόσαρκα και σχολαστικά,*
*ανάμεσα στις δάφνες ενός ήλιου του Νότου.*

*Αλλά η νύχτα έπεσε, και εκείνα τα δέντρα τώρα παίρνουν*
*κι άλλη ομοιότητα μες στο πρωτεϊκό σκοτάδι:*
*απ' το έλατο στη δάφνη, κορυφή πάνω σε αστραφτερή αιχμηρή κορυφή,*
*οι πυγολαμπίδες υφαίνουν το λαμπυριστό τους ίχνος,*
*και στον χορό τους, σπίθα κυνηγώντας σπίθα,*
*ενώνουν Βορρά και Νότο με δεσμούς ζωντανής φωτιάς.*


## ΑΝΕΜΟΛΟΥΛΟΥΔΟ

*Η ανεμώνη κάποτε αγαπούσε*
*τον άγριο Βοριά που φυσάει*
*όταν του Μάρτη ο χρυσόπρασος*
*λάμπει μέσα από τα χιόνια.*

*Το μάτι της από αμέθυστο*
*κρυφοκοίταξε μέσα από μαλακό χορτάρι,*
*όπως γύρισε ανυπόμονα*
*για να τον δει να περνάει.*

*Ο Βοριάς διάβασε την καρδιά της*
*και, ζωηρός στην ιλαρότητά του,*
*τα πέταλά της με ένα φιλί*
*εκσφενδόνισε στη γη.*

## VAIN PURSUIT

Love showed me once a radiant butterfly,
and I pursued that butterfly alone.
No other Atalanta skimming by
could lure my footsteps, for my urge to own
the flame I followed held me all life long.
And I neglected every other aim —
all other butterflies were patterned wrong
or else their colours were too drab and tame.

My butterfly escaped me at the last.
And then I found it was too late to try
(for day had been by sunset overcast)
to choose and chase a second butterfly.


## MIRRORS

When thinking of their life,
I feel within my mind
abounding sympathy
for hapless womankind.

It is their lot to face
a mirror every day,
and watch by slow degrees
their beauty fade away.

It is their fate to know
that Love may turn unkind
if, creasing lip or eye,
a wrinkle they should find.

How many there must be
who to their mirrors pray:
"Ah, tell me I am young,
*still* young to-day!"

*ΜΑΤΑΙΗ ΕΠΙΔΙΩΞΗ*

Η Αγάπη μού 'δειξε κάποτε μια λαμπρή πεταλούδα,
και κυνήγησα αυτή την πεταλούδα μόνος.
Καμιά άλλη Αταλάντη που περνούσε
δεν μπορούσε ν' αλλάξει τα βήματά μου, γιατί η ορμή μου να κατέχω
τη φλόγα που ακολούθησα με καταδίωκε σ' όλη μου τη ζωή.
Και παραμέλησα κάθε άλλο σκοπό —
όλες οι άλλες πεταλούδες είχαν λάθος σχέδια
ή τα χρώματά τους ήταν πολύ μουντά και αδιάφορα.

Η πεταλούδα μου ξέφυγε στο τέλος.
Κι όταν τη βρήκα ήταν πολύ αργά να προσπαθήσω
(γιατί η μέρα είχε σκοτεινιάσει με το ηλιοβασίλεμα)
για να διαλέξω και να κυνηγήσω μια δεύτερη πεταλούδα.


*ΚΑΘΡΕΦΤΕΣ*

Όταν σκέφτομαι τη ζωή τους,
νιώθω στο μυαλό μου
πάρα πολλή συμπάθεια
για το κακότυχο γυναικείο είδος.

Είναι γραφτό τους να αντικρίζουν
έναν καθρέφτη κάθε μέρα,
και να παρατηρούν με αργούς ρυθμούς
την ομορφιά τους να ξεθωριάζει.

Είναι η μοίρα τους να ξέρουν
πως η Αγάπη μπορεί να γίνει σκληρή
αν μια ρυτίδα βρουν,
χείλος ή μάτι να ζαρώνει.

Πόσες πρέπει να υπάρχουν
που προσεύχονται στους καθρέφτες τους:
«Αχ, πες ότι είμαι νέα,
ακόμα νέα σήμερα!»

## THE CLOCK

Against the wall the old clock stands
and watches us as we embrace;
with every kiss its creeping hands
shift slowly round its vacant face.

Those spiteful hands like cruel shears
lop off the minutes we so prize,
but in our hearts a-down the years
is held a hint of paradise.

## FLY IN AMBER

I brought my love a string of amber beads
and in one bead I saw a tiny fly;
so light and delicate a thing it was,
it seemed as if it yet would seek the sky.

"Poor little fly," I whispered to my love.
"for prescient constancy I give it best —
has it not waited twenty million years
that it may nestle now against your breast!"

## ΤΟ ΡΟΛΟΪ

Μπροστά στον τοίχο το παλιό ρολόι στέκει
και μας κοιτάει όπως αγκαλιαζόμαστε·
με κάθε φιλί τα έρποντά του χέρια
κινούνται αργά γύρω απ' την άδεια πρόσοψη.

Εκείνα τα μοχθηρά χέρια σαν άσπλαχνα ψαλίδια
κόβουν τα λεπτά που τόσο εκτιμούμε,
αλλά στις καρδιές μας όλα αυτά τα χρόνια
κρατιέται μια υποψία από παράδεισο.

## ΜΥΓΑ ΣΕ ΚΕΧΡΙΜΠΑΡΙ

Έφερα στην αγάπη μου ένα κολιέ κεχριμπαρένιο
και σε μια χάντρα είδα μια μυγούλα·
τόσο ελαφριά κι εύθραυστη ήταν,
που έμοιαζε ακόμα να αναζητά τον ουρανό.

«**Φτωχή μικρή μου μύγα**», ψιθύρισα στην αγάπη μου,
«για την προφητική αφοσίωσή της άριστα της βάζω —
περίμενε είκοσι εκατομμύρια χρόνια
στο στήθος σου για να μπορέσει να φωλιάσει!»

## DUOLOGUE

"Your love is dead. Depart!"
the Black Earth said.
And I:
"She lives! She lives!" replied,
"She lives on in my heart
and, till my heart be dead,
she cannot die!"

"You lie!"
the Cold Earth said,
"for in your heart she died,
where now a newer bride
reigns in your old love's stead . . .
and *she*, by you outcast,
is mine — all mine — at last."


## THE SPECTRE

A Spectre haunted a lonely wold;
it was feared alike by young and old,
for it would beckon and none could stay,
but all would follow it away
to the desolate hills that reared their cold
bleak summits beyond the lonely wold.

And none of any land or race
could resist the Ghoul of that evil place;
for it smiled to the youth through a maiden's eyes,
and it wooed the maid in a youth's disguise.
Whilst the wary aged — in each single case
they were lured away by their first-love's face!

### ΔΙΑΛΟΓΟΣ

«Η αγάπη σου είναι νεκρή. Φύγε!»
είπε η Μαύρη Γη.
Και εγώ:
«Ζει! Ζει!» απάντησα,
«Ζει ακόμα στην καρδιά μου
και, μέχρι η καρδιά μου νά 'ναι νεκρή,
αυτή δεν μπορεί να πεθάνει!»

«Λες ψέματα!»
είπε η Ψυχρή Γη,
«γιατί στην καρδιά σου έχει πεθάνει
εκεί που τώρα μια καινούργια νύφη
βασιλεύει στη θέση της παλιάς σου αγάπης . . .
και αυτή, απόκληρη από σένα,
είναι δική μου — όλη δική μου — επιτέλους».


### ΤΟ ΦΑΝΤΑΣΜΑ

Ένα φάντασμα στοίχειωνε έναν μοναχικό λόφο·
νέοι και γέροι το φοβόνταν εξίσου,
γιατί με ένα του νεύμα κανένας δε μπορούσε να μείνει,
αλλά όλοι θα το ακολουθούσαν
στους ερημωμένους λόφους που ύψωσαν τις κρύες
ζοφερές κορφές τους πέρα απ' τον μοναχικό λόφο.

Και κανένας τόπος ή φυλή
κανείς δεν αντιστάθηκε στον Δαίμονα αυτού του μοχθηρού μέρους·
γιατί χαμογελούσε στον νέο με τα μάτια μιας παρθένου,
και φλέρταρε την κόρη με την μορφή ενός νέου.
Ενώ τους διστακτικούς ηλικιωμένους — τον καθένα χωριστά
τους έθελγε το πρόσωπο της πρώτης τους αγάπης!

## CLASSIC IDYLL

Why did you flee for refuge, love,
to this Arcadian glade?
Why did you hide yourself from me
amid the briar's shade?

A Nymph may not deny a Faun,
your coy deceit is plain . . .
But chase you naked through those thorns —
you'd better guess again!


## SUNRISE

I watch the rising sun and know
that it is hydrogen a-flame;
three hundred thousand Earths would go
to make this mass; till its light came

from it to me eight minutes passed . . .
I know these facts and many more.
The sailor gazing from the mast,
his wife beside their cottage door,

the child she holds upon her knee
all see the sun with other eyes;
the same bright sun, but what *they* see
I can no longer visualise.

Much have I learnt — but at a cost:
to gain a joy, a joy I've lost.

### ΚΛΑΣΣΙΚΟ ΕΙΔΥΛΛΙΟ

Γιατί έτρεξες για καταφύγιο, αγάπη,
σ' αυτό το Αρκαδικό ξέφωτο;
Γιατί κρύφτηκες από μένα
μέσ' στη σκιά του βάτου;

Μια Νύμφη δεν αρνείται έναν Φαύνο,
η σεμνή σου απάτη είναι ολοφάνερη . . .
Μα κυνηγώντας σε, γυμνός, μέσα στα αγκάθια αυτά —
για μάντεψε ξανά!




### ΑΝΑΤΟΛΗ

Βλέπω τον ήλιο που ανατέλλει και γνωρίζω
ότι είναι υδρογόνο πυρωμένο·
τριακόσιες χιλιάδες πλανήτες σαν τη Γη χρειάζονται
για να καλύψουν την μάζα του· μέχρι να έρθει το φως του

από εκεί σε μένα οχτώ λεπτά έχουν περάσει . . .
Γνωρίζω αυτά τα στοιχεία και πολλά ακόμα.
Ο ναύτης που κοιτάζει απ' το κατάρτι,
η γυναίκα του δίπλα στην πόρτα του σπιτιού τους,

το παιδί που κρατάει πάνω στο γόνα της
όλοι βλέπουν τον ήλιο μ' άλλα μάτια·
τον ίδιο λαμπερό ήλιο, αλλ' αυτό που εκείνοι βλέπουν
δεν μπορώ πια εγώ να δω όπως εκείνοι.

Πολλά έχω μάθει αλλά με κόστος·
για να κερδίσω μια χαρά, μιαν άλλη έχω χάσει.

## WORLDS UNKNOWN

I look on London, and a haze
of dizziness invades my mind
to think that this congested maze
and every hive of human kind

cannot be unique and alone.
The hundred thousand million suns
in one coiled Galaxy, our own,
make up a multitude that stuns

all reckoning. Among that press
there must be many planets strange
where Life in fair though alien dress
has climbed to a sublimer range

than we have yet achieved. The skies
must know far worlds where Soul and Brain
are leagued in Faith and Enterprise
the highest peaks of Joy to gain.

Perhaps they view our Sun from there,
a faint and twinkling point of light —
pray God they never see the flare
of man-made Nova pierce their night!

*ΑΓΝΩΣΤΟΙ ΚΟΣΜΟΙ*

Κοιτάζω το Λονδίνο, και μια θολούρα
ζάλης κατακλύζει το μυαλό μου
καθώς σκέφτομαι πως αυτός ο κατάμεστος λαβύρινθος
και κάθε κυψέλη της ανθρωπότητας

δεν μπορεί να είναι μοναδική και μόνη.
Οι εκατό χιλιάδες εκατομμύρια ήλιοι
σ' έναν σπειροειδή Γαλαξία, τον δικό μας,
φτιάχνουν μιαν αφθονία που εκπλήσσει

κάθε υπολογισμός. Μέσα σε αυτήν την πίεση
πρέπει να υπάρχουν πολλοί παράξενοι πλανήτες
όπου η Ζωή παρά την εξωγήινη αμφίεση
έχει ανέβει σε ένα εύρος πιο μεγαλειώδες

απ' αυτό που έχουμε εμείς κατορθώσει. Οι ουρανοί
πρέπει να ξέρουν κόσμους μακρινούς όπου η Ψυχή και το Μυαλό
έχουν συμμαχήσει σε Πίστη κι Επιχείρηση
για να κερδίσουν τις υψηλότερες κορφές της Χαράς.

Ίσως να βλέπουν τον Ήλιο μας από εκεί,
ένα αχνό και τρεμουλιαστό σημείο φωτός —
μακάρι να μη δουν ποτέ τη λάμψη
τεχνητών Σουπερνόβα να διαπερνάει τη νύχτα τους!

## REPLY TO WALT WHITMAN

When I sitting heard the astronomer where he lectured
    with much applause in the lecture room,
how soon unaccountable I became tired and sick,
till rising and gliding out I wandered off by myself,
in the mystical moist night-air, and from time to time
looked up in perfect silence at the stars.
                      Walt Whitman, *Leaves of grass*

And so, O Walt, you glided from the room;
a lecture on astronomy made you
feel tired and sick, until the moist night-air
revived you and you then, from time to time,
looked up in perfect silence at the stars.
Why is it so seductive to imagine
that all those stars are merely twinkling lights
affixed at random to the heavens' vault
as ornaments and nothing else? Is it
not far beyond compare a cause for awe
and fascination to the soul to know
that each and every one of those bright fires,
besides its beauty, *is* a fire indeed,
a distant sun like ours? When you looked up,
you only gazed upon a thousand stars,
but I, I gaze upon a thousand *suns*;
and round those suns I see with the Mind's eye
the homes of sister-like Humanities!

## HARVEST MOON

How sad it looks, the rising moon,
how sorrowful its face;
I wish a gleam of happiness
that anguish could replace.

Yet I would get a nasty shock,
my brain would reel and spin,
were I to see the full-moon rise
one evening with a grin!

## ΑΠΑΝΤΗΣΗ ΣΤΟΝ ΟΥΟΛΤ ΟΥΙΤΜΑΝ

*Καθώς καθόμουν κι άκουγα τον αστρονόμο μια διάλεξη να δίνει*
*με πολλές επευφημίες στην αίθουσα διαλέξεων,*
*πόσο απίστευτα σύντομα βαρέθηκα πολύ,*
*ώσπου σηκώθηκα και έξω γλιστρώντας, ξέφυγα μόνος μου*
*στον απόκοσμο και υγρό νυχτερινό αέρα, και πότε πότε*
*κοίταζα απολύτως σιωπηλά τα αστέρια εκεί ψηλά.*
                                            Walt Whitman, Φύλλα Χλόης

Και λοιπόν, Ουόλτ, κύλησες από το δωμάτιο·
μια διάλεξη αστρονομίας, σε έκανε
να νιώσεις κουρασμένος κι άρρωστος, μέχρι που ο υγρός βραδινός αέρας
σε αναζωογόνησε και εσύ μετά, κατά καιρούς,
κοιτούσες ψηλά σε τέλεια σιωπή τα αστέρια.
Γιατί είναι τόσο δελεαστικό να φαντάζεσαι
πως όλα εκείνα τ' αστέρια είναι απλά φώτα που αναβοσβήνουν
προσκολλημένα τυχαία στον ουράνιο θόλο
σαν στολίδια και τίποτα άλλο; Δεν είναι
μακριά από κάθε σύγκριση αιτία για δέος
και θαυμασμό για τη ψυχή να ξέρεις
πως κάθε μία από αυτές τις λαμπερές φωτιές,
εκτός από την ομορφιά της, είναι όντως μια φωτιά,
ένας ήλιος μακρινός σαν το δικό μας; Όταν κοιτούσες ψηλά,
ατένιζες μόνο χιλιάδες αστέρια,
μα εγώ, ατενίζω χίλιους ήλιους·
και γύρω από εκείνους τους ήλιους βλέπω με το μάτι του Νου
τα σπίτια από αδελφικές Ανθρωπότητες!




## ΘΕΡΙΝΟ ΦΕΓΓΑΡΙ

Πόσο θλιμμένο μοιάζει, το φεγγάρι που ανατέλλει,
πόσο λυπημένο το πρόσωπό του·
εύχομαι μια λάμψη ευτυχίας
την απελπισία του ν' αντικαταστήσει.

Όμως δυσάρεστα θα ξαφνιαζόμουν,
το μυαλό μου θα κλονιζόταν και θα στριφογύριζε
αν θά 'βλεπα την πανσέληνο να ανατέλλει
με χαμόγελο ένα βράδυ!

## THE CAGED GORILLA

I think that the Gorilla is of all
wild things the most pathetic in a cage;
he has enough intelligence to rage
at the hard fate that made of him the thrall

of Man so puny by his side. I think
that the Gorilla vaguely knows that he
has managed to attain cognition's brink
without achieving full humanity.

To feel his loss he has sufficient brains —
but not to weigh his compensating gains.


## DECOY DUCK

Down flies the circling drake with eager flaps,
drawn to his death by life's most potent lure.
And Man who planned this vilest of all traps
aims at his leisure, arrogantly sure
that no high gods will intervene or heed,
since even Love abetted in the deed.

## Ο ΦΥΛΑΚΙΣΜΕΝΟΣ ΓΟΡΙΛΑΣ

Νομίζω πως ο Γορίλας είναι από όλα
τα άγρια πλάσματα το πιο αξιοθρήνητο σε ένα κλουβί·
έχει αρκετή εξυπνάδα να μαίνεται
στη σκληρή μοίρα που τον έκανε δούλο

του Ανθρώπου του τόσο μικρού δίπλα του.
Νομίζω πως ο Γορίλας ξέρει αμυδρά πως
έχει καταφέρει να κατακτήσει το χείλος της γνώσης
χωρίς ν' αποκτήσει την πλήρη ανθρώπινη φύση.

Για ν' αντιληφθεί την ήττα του έχει επαρκή εξυπνάδα —
αλλά όχι για να ζυγίσει τα αντισταθμιστικά του οφέλη.


## ΠΑΠΙΑ ΔΟΛΩΜΑ

Κάτω πετάει η αρσενική πάπια με κύκλους χτυπώντας τα φτερά της με χαρά
σπρωγμένη στον θάνατό της από το πιο δυνατό θέλγητρο της ζωής.
Κι ο Άνθρωπος που σχεδίασε την αθλιότερη από όλες τις παγίδες
στοχεύει στην άνεσή του, σίγουρος αλαζονικά
πως κανένας υψηλός θεός δεν θα παρέμβει ή θα προσέξει,
αφού ακόμα κι η Αγάπη ήταν συνένοχη στην πράξη.

## MEMORY

A bird across the moon
flies in heart's quick beat,
but in a shard of time
both bird and glance can meet.

A straining neck and wings
glimpsed like an arrow black;
from darkness into light
and into darkness back.

That night was long ago
when glance and greylag met,
but Memory aligns
them with a full-moon yet.


## EPITAPH FOR A PARROT

For thirty years he talked in feathered pride,
for thirty years he talked before he died.
You say that parrots do not really know
the meaning of the words they use? Just so . . .
I grant you that you may be right — but then
                do men?

## ΜΝΗΜΗ

Ένα πουλί στο φεγγάρι
πετάει με καρδιάς χτύπημα δυνατό,
αλλά σε αυτό το θραύσμα του χρόνου
το πουλί κι η ματιά μπορούν να συναντηθούν.

Ένας τεντωμένος λαιμός και φτερά
κοιταγμένα φευγαλέα σαν μαύρο βέλος·
από το σκοτάδι στο φως
και πίσω στο σκοτάδι.

Εκείνη η νύχτα ήταν πολύ παλιά
όταν η ματιά κι η σταχτόχηνα συναντήθηκαν,
αλλά ωστόσο η Μνήμη τις ευθυγραμμίζει
με μια πανσέληνο ακόμη.


## ΕΠΙΤΑΦΙΟΣ ΓΙΑ ΕΝΑΝ ΠΑΠΑΓΑΛΟ

Τριάντα χρόνια μιλούσε με πουπουλένια υπερηφάνεια,
τριάντα χρόνια μιλούσε πριν πεθάνει.
Λες οι παπαγάλοι να μη ξέρουν πραγματικά
το νόημα των λέξεων που χρησιμοποιούν; Έστω . . .
δέχομαι ότι μπορεί να έχεις δίκιο — αλλά τότε
        οι άνθρωποι ξέρουν;

## MATHEMATICAL PROBLEM

They put this problem to be solved
in the Computor's tray:
a bird can eat so many grubs
and so much fruit per day.

And so much this and so much that,
and so much else again,
compare with "x", allow for "y",
and give the answer plain.

What should be done — destroy or spare?
The Great Computor whirred,
the deficit was point one four;
conclusion: kill that bird.

And so a bird was blotted out
on purely logic grounds.
Its beauty? — Function of no worth!
Its song? — Unmeaning sounds!


## THE BUTTERFLY

Once of the soul I was the symbol bright
when, leaving my dead pupa, I became
a new-born glory climbing to the light
on airy wings of iridescent flame.

Then *Psyche* was the name I bore divine —
now gone, alas! the awe that once was mine:
a more material age has made of me
the fluttering emblem of futility.

## ΜΑΘΗΜΑΤΙΚΟ ΠΡΟΒΛΗΜΑ

Βάζουν το πρόβλημα να λυθεί
στον δίσκο του Υπολογιστή:
Ένα πουλί μπορεί να φάει τόσες κάμπιες
και τόσα φρούτα την ημέρα.

Και τόσο απ' αυτό και τόσο από εκείνο,
και πάλι τόσο από το άλλο,
σύγκρινε με το «χι», δέξου για «ψι»
και δώσε την απάντηση ξεκάθαρη.

Τι πρέπει να γίνει — ν' αφανίσεις ή ν' αφήσεις;
Ο Μεγάλος Υπολογιστής βούιξε,
το έλλειμμα ήταν μηδέν κόμμα δεκατέσσερα·
συμπέρασμα: σκοτώστε εκείνο το πουλί.

Και έτσι ένα πουλί εξαλείφθηκε
σε καθαρά λογική βάση.
Η ομορφιά του; — Λειτουργία χωρίς αξία!
Το τραγούδι του; — Ήχοι χωρίς νόημα!


## Η ΠΕΤΑΛΟΥΔΑ

Κάποτε ήμουν ένα φωτεινό σύμβολο της ψυχής
όταν, αφήνοντας την νεκρή μου χρυσαλλίδα, έγινα
μια νεογέννητη δόξα που σκαρφάλωνε στο φως
με αέρινα φτερά ιριδίζουσας φλόγας.

Τότε Ψυχή ήταν το όνομα που έφερα θεϊκό —
τώρα χάθηκε, αλίμονο! το δέος που ήταν κάποτε δικό μου·
μια πιο υλιστική εποχή με έχει κάνει
το φτερωτό σύμβολο της ματαιότητας.

## MIDGES

Among the trees, from light to shade,
the midges wheel and whirl and play;
gyrating spangles of the glade,
they pirouette all through the day.

Intent upon their nuptial dance,
they rise and fall, converge, disperse:
an eddy in a sunbeam's glance —
the hub of their own universe!


## THE OAK

An oak, uprooted by a storm
lies 'reft of majesty and might
beside the way. Its giant form
will no more, lunging to the light,
assail the heavens. Sere it lies . . .
Yet, when its sapless boughs are stirred
by sunset breezes, to the skies
a plaint is carried. Then are heard
Aeolian echoes of the past
evoking bird songs lilted last
among green leaves; or grateful cry
of travellers seeking shade at noon;
or long-dead lovers' kiss and sigh
beneath a long-forgotten moon.

ΣΚΝΙΠΕΣ

Ανάμεσα στα δέντρα, από το φως στη σκιά,
οι σκνίπες κάνουν κύκλους και περιστρέφονται και παίζουν·
στροβιλιζόμενες πούλιες του ξέφωτου,
κάνουν πιρουέτες όλη μέρα.

Αποφασιστικές στον έγγαμο χορό τους
σηκώνονται και πέφτουν, συγκλίνουν, διασπείρονται·
μια δίνη στη ματιά μιας ακτίνας —
το κέντρο του δικού τους σύμπαντος!


Η ΒΕΛΑΝΙΔΙΑ

Μια βελανιδιά, ξεριζωμένη από μια θύελλα,
κείτεται στερημένη από μεγαλοπρέπεια και δύναμη
δίπλα στον δρόμο. Η γιγαντιαία μορφή της
ποτέ πια δεν θα επιτεθεί
στους ουρανούς. Ξερή κείτεται . . .
Όμως, όταν τα ξερά κλαδιά της κουνιούνται
από το αεράκι του ηλιοβασιλέματος, στους ουρανούς
ένας θρήνος μεταφέρεται. Μετά ακούγονται
αιολικές αντηχήσεις του παρελθόντος
φέρνοντας στο νου κελαηδίσματα τραγουδισμένα τελευταία
ανάμεσα στα πράσινα φύλλα· η κραυγή ευγνωμοσύνης
από ταξιδιώτες που ψάχνουν σκιά το μεσημέρι·
ή από παλιά πεθαμένων εραστών φιλί και αναστεναγμός
κάτω από ένα λησμονημένο από παλιά φεγγάρι.

## THE CAGE

> The Poet is he who traps Heaven
> and Earth in a Cage of Form.
> Lu-Chi, 303 AD

I trap the heavens in a Cage of Form
and in the same Cage I ensnare the Earth.
None can escape; the raging winter storm
is held as helpless as the fountain's mirth.

All things: the mighty sun, the glow-worm's light,
the lily pond or the unfathomed sea,
the undulating snake, the midge's flight,
I prison them in Cells of Symmetry.

And when my nets are heavy with a freight
of dreams, I hale them to a garden where
Rhyme, Rhythm and Beauty help me to create
a Sanctuary from the world's despair.


## BOOKS

Each day I buy more books
than I can ever read,
for sight takes no account
of soul's unsated greed.

Yet they delight me there
on table, shelf, and wall —
I know how they would banquet me
could I but feast with all!

## ΤΟ ΚΛΟΥΒΙ

*Ο Ποιητής είναι αυτός που παγιδεύει τούς Ουρανούς
και τη Γη σ' ένα Κλουβί Μορφής.*
Λου Τσι, 303 μ.Χ.

Παγιδεύω τους Ουρανούς σ' ένα Κλουβί Μορφής
και στο ίδιο Κλουβί ακινητοποιώ και τη Γη.
Τίποτε δεν μπορεί ν' αποδράσει· η χειμερινή θύελλα που μαίνεται
συγκρατείται τόσο αβοήθητη όσο το γέλιο ενός συντριβανιού.

Όλα τα πράγματα: τον δυνατό ήλιο, το φως της πυγολαμπίδας,
τη λιμνούλα με τα νούφαρα ή την απροσμέτρητη θάλασσα,
το κυματιστό φίδι, το πέταγμα της σκνίπας,
τα φυλακίζω στα Κελιά της Συμμετρίας.

Και όταν τα δίχτυα μου είναι βαριά μ' ένα φορτίο
από όνειρα, τα σέρνω σ' ένα κήπο, όπου
η Ρίμα, ο Ρυθμός και η Ομορφιά με βοηθούν να φτιάξω
ένα Άσυλο απ' την απόγνωση του κόσμου.


## ΒΙΒΛΙΑ

Κάθε μέρα αγοράζω περισσότερα βιβλία
από αυτά που μπορώ να διαβάσω,
γιατί το βλέμμα δεν υπολογίζει
της ψυχής την ακόρεστη απληστία.

Όμως με ευχαριστούν εκεί
στο τραπέζι, στο ράφι και στον τοίχο —
ξέρω πως θα με συνόδευαν στο συμπόσιο
αν θα μπορούσα να γιόρταζα με όλα!

## THE UPAS TREE

The deadly Upas Tree
in a dark valley grows
and lost is he who seeks
beneath its shade repose.

For never wakes he more
who here has drawn a breath,
he ever slumbers on
till sleep is merged with death.

And every sleeper dreams,
drugged by the Upas dew,
that he has reached a land
where every wish is true:

the exile sees his home,
the old see youth regained,
the lover sees his love,
and all a goal attained.

The Singer is inspired,
the Muses round him throng
and, urged by their acclaim,
he dreams his sweetest song.

He sings it in his dream —
alas! that it should be
sung only to the Tomb
and to the Upas Tree.

## ΤΟ ΔΕΝΤΡΟ UPAS

Το θανατηφόρο Δέντρο Upas
σε μια σκοτεινή κοιλάδα μεγαλώνει,
και χαμένος είναι αυτός που ψάχνει
κάτω απ' τη σκιά του ξεκούραση.

Γιατί ποτέ πια δεν ξυπνά
αυτός που παίρνει εκεί ανάσα,
αέναα κοιμάται
μέχρι ο ύπνος να ενωθεί με τον θάνατο.

Και κάθε κοιμισμένος ονειρεύεται,
ναρκωμένος από των Upas τους χυμούς,
πως έχει φτάσει σε έναν τόπο
όπου κάθε ευχή είναι αληθινή·

ο εξόριστος βλέπει το σπίτι του,
ο γέρος βλέπει τη νεότητά του,
ο εραστής βλέπει την αγάπη του,
και όλοι πως έναν στόχο κατακτούν.

Ο Τραγουδιστής έχει έμπνευση,
οι Μούσες πλήθος γύρω του
και σπρωγμένος από την αναγνώρισή τους
ονειρεύεται το πιο γλυκό του τραγούδι.

Το τραγουδάει στ' όνειρό του —
αλίμονο που θα τραγουδηθεί
μόνο στον Τάφο
και στο Δέντρο Upas.

## PICTURES IN THE FIRE

What are you thinking of there by the fire?
— Of old things dead and gone: the embers glow
and paint past pictures. See that lofty spire,
see how it bursts in flame and crumbles low . . .

The flickering sparks, like burning towers, raise
quick tongues or, through a whirl of smoke, deploy
a crimson quivering curtain. In its blaze
I seen Mycenae or an older Troy.

— Old, ancient, past and gone . . . What makes you say
that to a long-dead age belonged that spire?
I watch with you and see a *coming* day
and *future* cities crumbling in the fire!


## PEGASUS

I bear my rider to the further skies
in the wild rush of my exultant wings,
leaving the world below to all that dies,
to the dull clamour of all earthy things.

I bear my rider high; and he returns
with Heaven's shining splendour in his eyes,
and in his breast the ecstasy that burns
with the white flame that burns in Paradise.

My wings are spread . . . But many they who fail
to reach those heights beyond the world's wide pale
and, fainting, faltering, renounce, forget
the soaring goal that they themselves had set.

## ΕΙΚΟΝΕΣ ΣΤΗ ΦΩΤΙΑ

Τί σκέφτεσαι, εκεί δίπλα στη φωτιά;
— Πράγματα παλιά, νεκρά και περασμένα· λαμπυρίζει η χόβολη
και ζωγραφίζει παλιές εικόνες. Δες εκείνον τον ψηλό πυργίσκο,
δες πώς τυλίγεται στις φλόγες και γκρεμίζεται ...

Οι σπίθες που τρεμοπαίζουν, σαν φλεγόμενοι πύργοι, υψώνουν
γλώσσες γοργές ή, μέσα από μια δίνη καπνού, ορθώνουν
μια πορφυρή τρεμάμενη κουρτίνα. Στη λάμψη της
βλέπω Μυκήνες ή μια παλαιότερη Τροία.

— Παλιά, αρχαία, περασμένα, ξεχασμένα ... Τι σε κάνει να το λες
ότι σε μια πεθαμένη εποχή ανήκε αυτός ο πύργος;
Μαζί σου παρακολουθώ και βλέπω μιαν επερχόμενη μέρα
και μελλοντικές πόλεις να καταρρέουν στη φωτιά!


## ΠΗΓΑΣΟΣ

Μεταφέρω τον αναβάτη μου στα μακρινά ουράνια
στην άγρια έξαψη των περιχαρών φτερών μου,
αφήνοντας τον κόσμο από κάτω σε ό,τι πεθαίνει,
στην ανιαρή κατακραυγή των γήινων πραγμάτων.

Μεταφέρω τον αναβάτη μου ψηλά· και επιστρέφει
με τ' Ουρανού το λαμπρό μεγαλείο στα μάτια του,
και στο στήθος του την έκσταση που καίει
με τη λευκή φλόγα που καίει στον Παράδεισο.

Τα φτερά μου απλώνονται ... Αλλά πολλοί δεν πετυχαίνουν
να φθάσουν στα ύψη πέρα από του κόσμου τα πλατιά όρια
και, λιποθυμώντας, τρέμοντας, αποκηρύσσουν, ξεχνούν
τον υψηλό στόχο που αυτοί οι ίδιοι είχαν θέσει.

## LIGHT-SHADOWED

They say the grey light of the moon
is dangerous to certain men;
that some who sleep beneath her rays
awaken in a fabled den

where all is strange, where all is new
(old things are seen in weird disguise),
where every leaf, where every stone
now fills the soul with fresh surprise.

And such men never quite return
to the same life they knew before,
they ever see a moonlit world
as through a dim half-open door.

But only they need fear the moon
whose shadows scarcely press the earth;
whose shadows, light as their own dreams,
are buoyed by Fantasy and Mirth.


## PERMANENCE

The water in a shallow bay
was rippled by a sudden breeze;
that ripple, dancing on its way,
the glistening sand caressed.

What more ephemeral than wind?
More fleeing than a crinkled wave?
Yet, aeons old, in stone we find
their pattern still impressed.

## ΑΛΑΦΡΟΪΣΚΙΩΤΟΙ

Λεν πως το γκρίζο φως του φεγγαριού
είν' επικίνδυνο για μερικούς·
ότι κάποιοι που κοιμούνται κάτω από τις αχτίνες του
ξυπνούν σ' ένα λημέρι μυθικό

όπου όλα είναι παράξενα, όλα είναι καινούργια
(παλιά πράγματα τα βλέπεις με παράξενη αμφίεση),
όπου κάθε φύλλο, όπου κάθε πέτρα,
τώρα γεμίζει την ψυχή με νέα έκπληξη.

Και τέτοιοι άνδρες ποτέ δεν επιστρέφουν
στην ίδια τη ζωή που ήξεραν πιο πριν,
βλέπουν ένα φεγγαροφώτιστο κόσμο
σαν μέσα από μια σκοτεινή μισάνοιχτη πόρτα.

Μα πρέπει μόνο να φοβούνται το φεγγάρι
εκείνοι που οι σκιές τους μετά βίας αγγίζουν τη γη·
που τις σκιές τους, ελαφριές σαν τα όνειρά τους,
η Φαντασία και το Κέφι ψηλά κρατούν.


## ΜΟΝΙΜΟΤΗΤΑ

Το νερό σ' ένα ρηχό κόλπο
χαράχτηκε από ένα ξαφνικό αεράκι·
αυτό το κυματάκι, χορεύοντας στο δρόμο του,
την αστραφτερή άμμο χάιδεψε.

Τι πιο εφήμερο από τον άνεμο;
πιο φευγαλέο από ένα ζαρωμένο κύμα;
όμως, παλιό από αιώνες, σε πέτρα βρίσκουμε
το σχέδιό τους ακόμα αποτυπωμένο.

## ICE AGE

The Last Man gazed at the frosty sky
and the chill air piped in his labouring lungs,
while the sunbeams glimmered in tremulous rungs
on his upturned face as he lay down to die . . .

Cold, cold, spun the Earth — from East now to West
and from North on to South to their ultimate zones
lay spread a white shroud; and two crystalline thrones
loomed vast and unreal in that wan waste of snow.
And the sun as it sank to its low twilight gate,
cast the last blood-red beam of its desolate glow
on two mighty Forms sitting silent in state:
the two awesome Angels of Death and of Cold.

And they brooded alone; while the Earth, which of old
had thrilled to past glories of Brain and of Lyre,
of Love and of Beauty, of Hope and of Fire,
sped grieving and soulless — the Song of the Spheres
a gibe at her sorrow, a mock at her tears.

*ΕΠΟΧΗ ΤΩΝ ΠΑΓΕΤΩΝΩΝ*

*Ο τελευταίος άνθρωπος κοίταζε τον παγωμένο ουρανό
και ο ψυχρός αέρας κυκλοφορούσε στα κουρασμένα πνευμόνια του,
όσο οι ηλιαχτίδες έλαμπαν σε τρεμουλιασμένα σκαλοπάτια
στο αναποδογυρισμένο του πρόσωπο όπως ξάπλωσε για να πεθάνει...*

*Κρύο, κρύο, στριφογύριζε η Γη — απ' την Ανατολή τώρα στη Δύση
και από τον Βορρά στον Νότο στις ύστατες ζώνες τους
κειτόταν απλωμένο ένα άσπρο σάβανο· και δυο κρυστάλλινοι θρόνοι
παραμόνευαν τεράστιοι και εξωπραγματικοί σ' αυτή τη χλωμή έρημο χιονιού.
Κι ο ήλιος, όπως βυθιζόταν στη χαμηλή πύλη του λυκόφωτος
έριχνε την τελευταία κόκκινη σαν αίμα αχτίνα της ρημαγμένης λάμψης του
σε δύο δυνατές μορφές μεγαλόπρεπα καθισμένες σιωπηλές:
οι δύο φοβεροί Άγγελοι του Θανάτου και του Κρύου.*

*Και κλώσησαν οι δυο τους· ενώ η Γη, που από παλιά
συνάρπαζε σε παλιές δόξες του Νου και της Λύρας,
της Αγάπης και της Ομορφιάς, της Ελπίδας και της Φωτιάς,
έτρεχε θλιμμένη και άψυχη — το Τραγούδι των Σφαιρών
ένας χλευασμός στη λύπη της, μια κοροϊδία στα δάκρυά της.*

THE LAST DAY OF ATLANTIS —
THREE GLIMPSES

Atlantean sailors on their ships
gazed at the signs of sea and shore,
and cried: "Upon us sweeps a storm
such as no man has seen before!
Let us then seek the quays — we dare
not face such mighty waves, or stand
against Poseidon's rage. No hope
of life is left save on the land!"

But landsmen, as they felt the earth
strain groaningly beneath their feet
like some great python underground,
fled shrieking: "Let us gain the fleet
that wallows empty on the sea.
Far better face Poseidon's roar
than linger on this fated land
and perish with a sinking shore!"

The ship-rats, panic in their eyes,
poured up through every seam and breach
and struggled, squealing as they swam
in living waves towards the beach.
But from the quaking coast they turned,
not knowing where salvation lay,
and swam from shore to ship and back,
till their drowned bodies fouled the bay.

*Η ΤΕΛΕΥΤΑΙΑ ΜΕΡΑ*
*ΤΗΣ ΑΤΛΑΝΤΙΔΑΣ — ΤΡΕΙΣ ΜΑΤΙΕΣ*

*Ναύτες της Ατλαντίδας στα πλοία τους*
*επίμονα κοίταζαν τα σημάδια θάλασσας και ακτής,*
*και φώναξαν: «Καταπάνω μας έρχεται καταιγίδα*
*τέτοια που άνθρωπος δεν έχει ξαναδεί!*
*Ας ψάξουμε λοιπόν τις αποβάθρες — δεν τολμούμε*
*ν' αντιμετωπίσουμε τόσο μεγάλα κύματα, ή να σταθούμε*
*ενάντια στην οργή του Ποσειδώνα. Καμιά ελπίδα*
*ζωής δεν έχει απομείνει παρά μόνο στην ξηρά!»*

*Αλλά οι στεριανοί, όπως ένιωσαν τη γη*
*να τεντώνεται βογκώντας κάτω από τα πόδια τους*
*σαν κάποιος μεγάλος πύθωνας υπογείως,*
*το έσκασαν κραυγάζοντας: «Ας κερδίσουμε τον στόλο*
*που πλέει άδειος στη θάλασσα.*
*Πολύ καλύτερα ν' αντιμετωπίσουμε το βρυχηθμό του Ποσειδώνα*
*παρά να μείνουμε σ' αυτήν την καταδικασμένη χώρα*
*και να εξαφανιστούμε με την ακτή που βυθίζεται!»*

*Οι αρουραίοι του πλοίου, με πανικό στα μάτια τους,*
*ξεχύθηκαν μέσα από κάθε ραφή και άνοιγμα*
*και πάλεψαν, τσιρίζοντας καθώς κολυμπούσαν,*
*σαν ζωντανά κύματα προς την ακτή.*
*Αλλά από αυτή τη ταρακουνημένη ακτή γύρισαν,*
*μη ξέροντας πού βρίσκεται η σωτηρία,*
*και κολύμπησαν από την ακτή στο πλοίο ξανά,*
*μέχρι που τα πνιγμένα σώματά τους μόλυναν τον κόλπο.*

## FATA MORGANA

Across the blue Sicilian Straits
the bright waves quiver in the sun;
and in the distance, one by one,
swing open glassy mirage-gates

upon phantasmagoric scenes.
Tall pinnacles and turrets high
climb, tier on tier, towards the sky
in mingled reds and golds and greens.

Princesses wave from filmy stairs
to Knights who ride with banners raised,
until the watcher asks, amazed:
"Whose is the real world, ours — or theirs!"

## WHISPERING FIR-TREES

One of the sweetest of all sounds on earth,
perhaps *the* sweetest, is the lilt that flows
from wind-tossed firs. Imagination knows
how to read in the murmur chimes of mirth
or muted dirges of an old despair.

Each mood, each measure of the soul is part
of that soft sibilance upon the air,
of that long rustling quiver. And the heart
can hear, commingled with each soughing wave,
a whisper from a Voice beyond the Grave.

### ΦΑΤΑ ΜΟΡΓΚΑΝΑ

Στα γαλάζια Στενά της Σικελίας
τα φωτεινά κύματα τρεμοπαίζουνε στον ήλιο·
και σε απόσταση, μία-μία,
ανοίγουν γυάλινες πύλες-αντικατοπτρισμοί

σε φαντασμαγορικές σκηνές.
Ψηλές κορυφές και ψηλοί πύργοι
σκαρφαλώνουν, σκαλί-σκαλί, προς τον ουρανό
σε ανάμικτα κόκκινα και χρυσά και πράσινα.

Πριγκίπισσες νεύουν από θολά σκαλοπάτια
σε Ιππότες που ιππεύουν με υψωμένα λάβαρα,
μέχρι που ο θεατής ρωτάει, έκπληκτος:
«Τίνος είναι ο γνήσιος κόσμος, δικός μας — ή δικός τους!»


### ΨΙΘΥΡΙΣΤΑ ΕΛΑΤΑ

Ένας από τους πιο γλυκούς ήχους στη γη,
ίσως ο πιο γλυκός, είναι η μελωδική φωνή που κυλά
από έλατα που τα φυσάει ο άνεμος. Η φαντασία ξέρει
πώς ν' ακούει σ' αυτό το μουρμουρητό ήχους ευθυμίας
ή βουβά μοιρολόγια από μια παλιάν απόγνωση.

Κάθε διάθεση, κάθε μέτρο της ψυχής είναι μέρος
από αυτό το απαλό σφύριγμα πάνω στον αέρα,
από αυτό το μακρό τρέμουλο που θροΐζει. Κι η καρδιά
μπορεί να ακούσει, ενωμένη με κάθε κύμα θροΐσματος
έναν ψίθυρο μιας Φωνής πέρα από τον Τάφο.

## INTRINSIC BEAUTY

It must be true that there are certain things
to which a deep intrinsic beauty clings;
a radiance that owes nothing to the heart
where love's associations play their part,
or to the body which, for its own ends,
to certain shapes a sexual glamour lends.

Had it conforming views on symmetry
and eyes like ours, an entity from Mars
or from a world beyond the further stars
could find on Earth much beauty. It would see,
that alien pilgrim from a distant sky,
the inborn splendour of a butterfly
or of a peacock with its train displayed.

But meeting *us*, would it not pause dismayed?
To it ungainly monsters we would seem:
no grace, no pattern, and no colour-scheme!


## ON WANTING
## TO "PROVE" TOO MUCH

How can one "prove" the beauty of the night?
How can one "prove" a serenade's delight?
How can one "prove" the scent of daffodils,
or "prove" the flavour of a sun-ripe pear?

It is not waves or particles in air
or speeding photons that beget these thrills —
it is the Soul in us! . . . *Prove* it? I do not
yearn, like you , with proofs alone to deal.
Proofs may mislead; for surely *this* is true:
a thing that can't be "proved" can still be real.

And in our world this principle applies
to all that's first and best beneath the skies.

ΕΓΓΕΝΗΣ ΟΜΟΡΦΙΑ

*Πρέπει να είναι αλήθεια πως υπάρχουν κάποια πράγματα
στα οποία μια βαθιά εγγενής ομορφιά προσκολλάται·
μιαν ακτινοβολία που δεν χρωστάει τίποτα στην καρδιά
όπου της αγάπης οι συσχετίσεις παίζουν το ρόλο τους,
ή στο σώμα που, για τους δικούς του σκοπούς,
σε συγκεκριμένα σχήματα μια ερωτική αίγλη δανείζει.*

*Αν είχε προσαρμοσμένες απόψεις για τη συμμετρία
και μάτια σαν τα δικά μας, μια οντότητα από τον Άρη
ή από ένα κόσμο πέρα απ' τα πιο μακρινά αστέρια
θα μπορούσε να βρει στη Γη πολλή ομορφιά. Θα έβλεπε,
εκείνος ο εξωγήινος προσκυνητής από έναν μακρινό ουρανό,
το έμφυτο μεγαλείο μιας πεταλούδας
ή ενός παγωνιού με την ουρά του ανοιγμένη.*

*Αλλά συναντώντας εμάς, δεν θα δίσταζε τρομαγμένος;
Σε αυτόν αδέξια τέρατα θα μοιάζαμε:
καμία χάρη, κανένα σχέδιο, κανένας συνδυασμός χρωμάτων!*


ΣΤΗ ΘΕΛΗΣΗ
ΝΑ «ΑΠΟΔΕΙΚΝΥΕΙΣ» ΠΑΡΑ ΠΟΛΛΑ

*Πώς μπορεί κάποιος «ν' αποδείξει» την ομορφιά της νύχτας;
Πώς μπορεί κάποιος «ν' αποδείξει» την απόλαυση μιας σερενάτας;
Πώς μπορεί κάποιος «ν' αποδείξει» το άρωμα των νάρκισσων,
ή ν' «αποδείξει» τη γεύση ενός ώριμου από τον ήλιο αχλαδιού;*

*Δεν είναι κύματα ή σωματίδια στον αέρα
ή φωτόνια που τρέχουν που γεννούν αυτούς τους οίστρους —
είναι η Ψυχή μέσα μας! . . . Το αποδεικνύεις; Εγώ
δεν λαχταρώ, όπως εσύ, ν' ασχολούμαι μόνο με αποδείξεις.
Οι αποδείξεις μπορεί να παραπλανούν· γιατί σίγουρα αυτό είναι αλήθεια:
κάτι αναπόδεικτο μπορεί να είναι αληθινό.*

*Και στον κόσμο μας αυτή η αρχή ισχύει
σ' όλα που είναι πρώτα και καλύτερα κάτω απ' τους ουρανούς.*

## IN THE MIND'S EYE

How far does prejudice obscure our sight
to Nature's beauty round us? Often we
react with loathing or with senseless flight
when, by a calmer judgement, we would see

a lovely thing of intricate design
with jointed limb and burnished carapace;
or else a dappled coil whose rippling spine
curves through the grasses in its spangled grace . . .

Though harmless, she recoils from it afraid;
yet she would fondle it with glad surprise
if that same toad were but transformed to jade
with gilded warts and rubies for its eyes!


## PHANTASMAGORIA

The world to me is but a misty plain
where things half seen and spectral come and go;
their tenuous eddies brush me as they flow —
moth-feelers drawn across my cheek; a vain
phantasmagoria merges with a throng
of furtive eidola. Remote, I hear
dim voices in the winds, vague as the song
of somnolent cicadas in that queer
delirious hour of noontide when the grey-
green olive woos the cypress, and the sea
beguiles the shore with its prismatic mirth.

A mist surrounds me, and the spinning Earth
unwinds the spools of Time. Eternity
dreams in remembered suns of yesterday.

## ΣΤΟ ΜΑΤΙ ΤΟΥ ΝΟΥ

*Πόσο πολύ η προκατάληψη εμποδίζει την όρασή μας
να δει την ομορφιά της Φύσης γύρω μας; Συχνά
αντιδρούμε με απέχθεια ή παράλογη φυγή
όταν, με μια πιο ήρεμη κρίση, θα μπορούσαμε να δούμε*

*ένα υπέροχο πράγμα με περίτεχνο σχεδιασμό
με αρθρωτό άκρο και γυαλισμένο καύκαλο·
ή αλλιώς μια πιτσιλωτή σπείρα που η κυματιστή σπονδυλική της στήλη
καμπυλώνει μέσα από τα χορτάρια στη διακοσμημένη χάρη της . . .*

*Αν και ακίνδυνος, εκείνη, οπισθοχωρεί τρομαγμένη·
όμως θα τον χάιδευε με χαρούμενη έκπληξη
αν εκείνος ο ίδιος φρύνος μεταμορφωνόταν σε νεφρίτη
με επίχρυσα εξοιδήματα και ρουμπίνια για μάτια!*


## ΦΑΝΤΑΣΜΑΓΟΡΙΑ

*Ο κόσμος για μένα δεν είναι παρά μια ομιχλώδης πεδιάδα
όπου πράγματα μισοειδωμένα και σκιώδη πάνε κι έρχονται·
οι αδύναμοι στρόβιλοί τους με βουρτσίζουν όπως κυλάνε —
κεραίες νυχτοπεταλούδων διατρέχουν το μάγουλό μου· μια μάταιη
φαντασμαγορία συγχωνεύεται μ' ένα πλήθος
κλεφτών ειδώλων. Μακριά, ακούω
αχνές φωνές στους ανέμους, αόριστες όπως το τραγούδι
νυσταγμένων τζιτζικιών σε εκείνη την παράξενη
παραληρηματική ώρα του μεσημεριού όταν η γκριζο-
πράσινη ελιά φλερτάρει το κυπαρίσσι, κι η θάλασσα
σαγηνεύει την ακτή με το πρισματικό της γέλιο.*

*Μια ομίχλη με περιβάλλει, και η περιστρεφόμενη Γη
ξετυλίγει τα καρούλια του Χρόνου. Η Αιωνιότητα
ονειρεύεται στους αξέχαστους ήλιους του χθες.*

## DELIGHT

Delight cares not on what it feeds
and needs no wonders for its birth;
a pebble seen among the weeds
outshines the costliest gem on earth

if mood and place and time combine
to turn on it their focussed beam.
Then every detail, curve, and line
each dint and ridge, each tint and gleam

stands out more clear, more sharp, more bright —
and is transmuted to Delight!


## RED FOR DANGER

A chemist's window used to hold my gaze
when I was five; for in it, centred bright,
a swan-necked carboy stood whose crimson rays
shone like a warning-lantern through the night.

There by that window often I would wait
to stare into that carboy with delight —
and *still* I see it down the years in flight,
that danger signal at Life's opening gate!

## ΑΠΟΛΑΥΣΗ

Η απόλαυση δεν νοιάζεται για το τι τρώει
και δεν χρειάζεται θαύματα για τη γέννησή της·
ένα βότσαλο ανάμεσα στα φύκια
ξεπερνά σε λάμψη το πιο ακριβό πετράδι στη γη

αν διάθεση και τόπος και χρόνος συνδυαστούν
για να στρέψουν προς αυτό εστιασμένη την ακτίνα τους.
Μετά κάθε λεπτομέρεια, καμπύλη και γραμμή,
κάθε βαθούλωμα και κορυφογραμμή, κάθε απόχρωση και λάμψη

ξεχωρίζει πιο καθαρή, πιο ευκρινής, πιο φωτεινή —
και μετασχηματίζεται σε Απόλαυση.




## ΚΟΚΚΙΝΟ ΚΙΝΔΥΝΟΥ

Μία βιτρίνα φαρμακείου μου τραβούσε το βλέμμα
όταν ήμουν πέντε· γιατί εκεί στο κέντρο
μια νταμιτζάνα με λαιμό κύκνου βρισκόταν κι οι άλικές της ακτίνες
άστραφταν σαν φανάρι κινδύνου μέσ' στη νύχτα.

Εκεί σε κείνη τη βιτρίνα συχνά περίμενα
να κοιτάξω σε κείνο το δοχείο μ' ευχαρίστηση —
και ακόμα το βλέπω κι ας πέρασαν τα χρόνια,
εκείνο το σήμα κινδύνου στης Ζωής την πύλη που ανοιγόταν!

## LURE

Some say: "What is the need for rockets hurled
at other planets circling round the sun?
Why not expend that gold on our own world
where laurels of more worth may yet be won?"

They speak half-truths. For if Man had not raised
his questing eyes towards the heavens wide;
if he had never sought, by visions crazed,
amid the stars on wings of flame to ride;

then in a reeking cave Man still would bed
and chip a flint to make an arrow-head.


## SPACE AGE

The sense of wonder Man has almost lost
will stir a dull humanity again,
when pioneers have paid in blood the cost
and space-explorers, charting hill and plain,
survey strange planets — while attentive eyes
follow their tracks from far across the skies.

Synthetic heroes *via* viewing-screens
will gaze on Martian rifts or Lunar rills,
stupendous landscapes and fantastic scenes
will shake their souls with light-transmitted thrills.
Ah, what sublime adventures will be theirs:
to dare new worlds from fireside-based armchairs!

*ΔΕΛΕΑΡ*

*Μερικοί λένε: «Ποια είναι η ανάγκη πυραύλων να πετούν*
*προς άλλους πλανήτες που περιφέρονται γύρω από τον ήλιο;*
*Γιατί να μην δαπανήσουμε αυτό το χρυσάφι στον δικό μας κόσμο*
*όπου δάφνες μεγαλύτερης αξίας μπορούν ακόμα να κερδηθούν;»*

*Λενε μισές αλήθειες. Γιατί αν ο Άνθρωπος δεν είχε υψώσει*
*τα ερευνητικά του μάτια προς τους διάπλατους ουρανούς·*
*αν δεν είχε ποτέ αναζητήσει, απ' τα οράματα αλλόφρων*
*ανάμεσα στα αστέρια πύρινα φτερά να καβαλήσει·*

*τότε σε μια βρώμικη σπηλιά ο άνθρωπος ακόμα θα κοιμόταν*
*και θα λάξευε μια πέτρα, μια κεφαλή βέλους για να φτιάξει.*


*ΕΠΟΧΗ ΤΟΥ ΔΙΑΣΤΗΜΑΤΟΣ*

*Η αίσθηση του θαύματος που ο Άνθρωπος έχει σχεδόν χάσει*
*θ' αφυπνίσει ξανά μιαν αποβλακωμένη ανθρωπότητα,*
*όταν πρωτοπόροι έχουν πληρώσει με αίμα το κόστος*
*και εξερευνητές του διαστήματος, χαρτογραφώντας λόφους και πεδιάδες,*
*ερευνούν παράξενους πλανήτες — ενώ προσεκτικά μάτια*
*ακολουθούν τα ίχνη τους από μακριά, πέρα από τους ουρανούς.*

*Συνθετικοί ήρωες μέσω οθονών*
*θα χαζεύουν ρήγματα στον Άρη και ρυάκια στη Σελήνη,*
*εκπληκτικά τοπία και φανταστικές σκηνές*
*θα ταρακουνήσουν τις ψυχές τους με συγκινήσεις που εκπέμπουν φως.*
*Αχ, τι μεγαλειώδεις περιπέτειες θα τους ανήκουν:*
*να προκαλείς καινούργιους κόσμους από πολυθρόνες πλάι στο τζάκι!*

# TERMITARY

Thrice has impartial Nature made the test
and in the ant, the termite, and the bee,
the loss of individuality
has ever led but to a soulless nest.

Perhaps Man's direst danger does not lie
in atomizing lightning from the sky,
but in his own extravagance of births —
a torrent that could swamp a dozen Earths.

That rising flood, that overwhelming tide,
must drown all wit and independent pride
and initiate the dreary Super-state
where Man will work, sleep, eat, and procreate,

but barter for all time the starry skies . . .
for down that road the Termitary lies!

## ΜΙΑ ΦΩΛΙΑ ΤΕΡΜΙΤΩΝ

Τρεις φορές η αμερόληπτη Φύση έκανε το τεστ
και στο μυρμήγκι, τον τερμίτη, και την μέλισσα,
η απώλεια της ατομικότητας
δεν οδήγησε παρά σε μιαν άψυχη φωλιά.

Ίσως ο πιο άμεσος κίνδυνος του Ανθρώπου να μη βρίσκεται
σε ένα πυρηνικό αστραποβόλι από τον ουρανό,
αλλά στη δική του υπερβολή να γεννά —
έναν χείμαρρο που θα μπορούσε να πλημμυρίσει δώδεκα πλανήτες σαν τη Γη.

Αυτή η πλημμύρα που ανεβαίνει, αυτή η σαρωτική παλίρροια,
πρέπει να πνίξει κάθε σπιρτάδα και ανεξάρτητη υπερηφάνεια
και να ξεκινήσει την απεχθή Υπερ-πολιτεία
όπου ο Άνθρωπος θα δουλεύει, θα κοιμάται, θα τρώει και θα αναπαράγεται,

αλλά πάντα θα διαπραγματεύεται τον έναστρο ουρανό . . .
γιατί πέρα σε αυτόν τον δρόμο βρίσκεται η *Φωλιά των Τερμιτών!*

## THE SHIP

What is this malaise that afflicts the world?
This baffling sense of outward vigour blended
with inner aimlessness? This sense of void
where once the spirit was? This world is like
a mighty ship that races through the waves
by thundering engines urged; yet they who steer
must fix their puzzled eyes upon a compass
that swings at random to and fro and round.
Where goes that hurtling ship? Is the wide ocean
deep-fathomed, or do shoals lie just ahead?

The captain and his crew, the passengers,
all share the same vague fear. They all are proud
of their great vessel; her complexity
exhilarates and awes them, and they feel
that wondrous lands await them where they go.
But in their secret hearts a secret dread
corrodes their whole existence, and they ask
their secret hearts: "Where *is* it that we whirl?"
"Why *do* we go?" and "Will our ship *arrive*?
Or will she crash into some unknown reef
and leave us drowning in an empty sea?"

## ΤΟ ΚΑΡΑΒΙ

*Ποια είναι αυτή η δυσφορία που πλήττει τον κόσμο;*
*αυτή η περίπλοκη αίσθηση εξωστρεφούς σφρίγους αναμεμειγμένου*
*με εσωστρεφή ματαιότητα; Αυτή η αίσθηση κενού*
*εκεί όπου κάποτε βρισκόταν το πνεύμα; Ο κόσμος είναι σαν*
*ένα γερό καράβι που σπεύδει μες στα κύματα*
*με εκκωφαντικές μηχανές που ορμούν· Όμως αυτοί που κατευθύνουν*
*πρέπει να καρφώσουν τα απορημένα μάτια τους πάνω σε μια πυξίδα*
*που κινείται τυχαία από και προς και γύρω.*
*Πού πάει αυτό το πλοίο με ορμή; Είναι ο πλατύς ωκεανός*
*βαθύς, ή τα ύφαλα διαγράφονται μπροστά;*

*Ο καπετάνιος και το πλήρωμά του, οι επιβάτες,*
*όλοι μοιράζονται τον ίδιο αόριστο φόβο. Είναι όλοι υπερήφανοι*
*για το τρανό τους όχημα· η πολυπλοκότητά του*
*τους ενθουσιάζει και τους προκαλεί δέος, και νιώθουν*
*πως μέρη θαυμαστά τους περιμένουν εκεί που πηγαίνουν.*
*Αλλά βαθιά στις καρδιές τους ένας κρυφός τρόμος*
*διαβρώνει την ύπαρξή τους όλη, και ρωτούν*
*τις κρυφές καρδιές τους: «Πού είναι αυτό για το οποίο στριφογυρίζουμε;»*
*«Γιατί πηγαίνουμε;» και «Θα φτάσει το καράβι μας;*
*Ή θα συντριβεί σε κανέναν άγνωστο ύφαλο*
*και θα μας αφήσει να πνιγόμαστε σε μιαν άδεια θάλασσα;»*

## MUSHROOM GROWERS

There are so few who guess
or realise the span
of vastness that surrounds
the littleness of Man.

The many pen the World
within their senses five,
denying everything
they cannot yet contrive

to measure or to weigh,
to count or analyse
by some material means
on earth and in the skies.

Man meddles nonetheless
with things no sense can tell,
until a mushroom cloud
is spouted up from hell!


## MAN

### THE PESSIMIST

"The mountain laboured and brought forth a mouse . . ."
Earth bungled too her plan:
she laboured for five thousand million years,
and then gave birth to — Man!

### THE OPTIMIST

Who are you to sneer thus at Man? His days
are brief, his muscles puny, and his ways
those of a peevish infant. Yet, in spite
of fault and failure, he can by the might
of mind alone reach out and analyse,
gauge, weigh, and count the stars across the skies!

### ΚΑΛΛΙΕΡΓΗΤΕΣ ΜΑΝΙΤΑΡΙΩΝ

Είναι πολύ λίγοι αυτοί που μαντεύουν
ή συνειδητοποιούν το εύρος
της απεραντοσύνης που περιβάλλει
την μικρότητα του Ανθρώπου.

Οι πολλοί περιορίζουν τον Κόσμο
εντός των πέντε αισθήσεων,
αρνούμενοι οτιδήποτε
δεν μπορούν ακόμα να επινοήσουν

να μετρήσουν ή να ζυγίσουν,
να απαριθμήσουν ή να αναλύσουν
με μέσα υλικά πάνω στη γη
και μες στους ουρανούς.

Ο Άνθρωπος σκαλίζει ωστόσο πράγματα
που καμία αίσθηση δεν μπορεί να ορίσει,
μέχρι που ένα σύννεφο μανιταριού
ξεπετιέται από την κόλαση!


### ΑΝΘΡΩΠΟΣ

#### Ο ΑΠΑΙΣΙΟΔΟΞΟΣ

«ὤδινεν ὄρος καὶ ἔτεκεν μῦν . . . »
Η γη απέτυχε, επίσης, στο σχέδιο της·
έτεκε για πέντε χιλιάδες εκατομμύρια χρόνια,
και μετά γέννησε τον — Άνθρωπο!

#### Ο ΑΙΣΙΟΔΟΞΟΣ

Ποιος είσαι εσύ για να ειρωνεύεσαι έτσι τον Άνθρωπο; Οι μέρες του
είναι σύντομες, οι μύες του μικροσκοπικοί, και οι τρόποι του
αυτοί ενός ευέξαπτου βρέφους. Όμως, παρά
το λάθος και την αποτυχία, μπορεί με τη δύναμη
μόνο του νου να φτάσει και ν' αναλύσει,
να υπολογίσει, να ζυγίσει, και να μετρήσει τ' αστέρια στους ουρανούς!

## MATERIALIST AGE

Sly Mephistopheles no longer baits
his traps with love, eternal youth, or fame;
a cheaper line of goods at bargain rates
he peddles now — mean lures for meaner game.

From his red mills new gadgets ever pour:
gilt, burnished, lacquered, polished, titivated;
a soul that would have cost him gold before
is his now for base metal — chromium-plated!


## MATERIALIST UNIVERSE

What is this "matter" some would have us raise
to godly level as the primal cause
and hub of everything? It is a maze
of particles in eerie flight whose laws

we cannot guess. We do not even know
what *are* these particles; they seem to be
but energy in mystic ebb and flow,
no more "material" than a moonlit sea

half visioned in a dream. Why must we give
to this ethereal stuff, this foam of force,
the name of "solid" when it is a sieve
of nothingness whirled through an empty course?

"Matter" dissolves — on scrutiny we find
that it is but a fantasy of Mind.

*ΥΛΙΣΤΙΚΗ ΕΠΟΧΗ*

Ο ύπουλος Μεφιστοφελής δεν βάζει πια δόλωμα
στις παγίδες του την αγάπη, την αιώνια νεότητα, ή τη φήμη·
μια φθηνότερη σειρά αγαθών σε τιμές προσφοράς
τώρα προωθεί — πρόστυχα δολώματα γι' ακόμα πιο άσχημο παιχνίδι.

Από τους κόκκινους μύλους του νέα μαραφέτια ξεχύνονται:
επιχρυσωμένα, γυαλισμένα, βερνικωμένα, λουστραρισμένα, καλλωπισμένα·
μια ψυχή που πριν θα του κόστιζε χρυσάφι
είναι τώρα δική του για ευτελές μέταλλο — επιχρωμιωμένη!


*ΥΛΙΣΤΙΚΟ ΣΥΜΠΑΝ*

Τι είναι αυτή η «ύλη» που κάποιοι θέλουν να την υψώσουμε
σε θεϊκό επίπεδο ως την πρωταρχική αιτία
και κόμβο των πάντων; Είναι ένας λαβύρινθος
από σωματίδια σε απόκοσμη πτήση τους νόμους των οποίων

δεν μπορούμε να μαντέψουμε. Δε ξέρουμε καν
ποια είναι αυτά τα σωματίδια· μοιάζουν να είναι μόνο
ενέργεια σε μυστική άμπωτη και πλημμυρίδα,
όχι πιο «υλική» από μια σεληνόφωτη θάλασσα

μισοειδωμένη σ' ένα όνειρο. Γιατί πρέπει να δώσουμε
σε αυτό το αιθέριο πράγμα, αυτό τον αφρό δύναμης,
την ονομασία «στερεό», όταν είναι ένα κόσκινο
μηδαμινότητας περιστρεφόμενης μέσω μιας άδειας ρότας;

Η «ύλη» διαλύεται — με διερεύνηση σχολαστική βρίσκουμε
ότι δεν είναι παρά μια φαντασίωση Νοητική.

## ERUDITION

We live between the Future and the Past;
the Present is the front of a great wave
that from the Past laps into Future Time —
a Mystery that with each fleeting pulse
encroaches on another Mystery.

And Man, the flotsam of two Mysteries,
is borne along, from birth till his last breath,
expounding all the Books of Life and Death.


## "ANTHROPOS"

Of all the names for Man by Man
the name of "Anthropos" must be
the noblest, for within its span
it holds a promise and a plea:
all things to which Man would aspire,
the starry Heavens and their fire.

"He Who Looks Upwards" — "Anthropos";
that name should fill Man's heart with awe,
and yet a sense of shame and loss
must ever wound him to the core —
a haunting sense of loss and shame
till Man be worthy of his name.

ΕΥΡΥΜΑΘΕΙΑ

Ζούμε μεταξύ του Μέλλοντος και του Παρελθόντος·
το Παρόν είναι η πρόσοψη ενός μεγάλου κύματος
που από το Παρελθόν μεταπηδά σε Μέλλοντα Χρόνο —
ένα Μυστήριο που με κάθε φευγαλέο παλμό
διεισδύει σε άλλο Μυστήριο.

Κι ο Άνθρωπος, το απομεινάρι δύο Μυστηρίων,
μεταφέρεται, από γεννήσεως μέχρι την τελευταία του ανάσα,
ερμηνεύοντας όλα τα Βιβλία της Ζωής και του Θανάτου.

«ΑΝΘΡΩΠΟΣ»

Απ' όλες τις ονομασίες του Ανθρώπου για τον Άνθρωπο
το όνομα «Άνθρωπος» πρέπει να είναι
το πιο ευγενές, γιατί στο εύρος του
κρατά μια υπόσχεση και μια έκκληση:
όλα τα πράγματα για τα οποία ο Άνθρωπος ποθεί,
οι έναστροι Ουρανοί και η φωτιά τους.

«Αυτός Που Κοιτάζει Πάνω» — «Άνθρωπος»·
αυτό το όνομα πρέπει να γεμίζει την καρδιά του Ανθρώπου με δέος,
κι ωστόσο μια αίσθηση ντροπής και απώλειας
πρέπει ακόμα να τον πληγώνει έως το μεδούλι —
μια αίσθηση ντροπής και απώλειας που τον στοιχειώνει
μέχρι ο Άνθρωπος να γίνει άξιος του ονόματός του.

## THE WORTH OF DUST

We hear that Man is dust, but let us track
this humble dust: of atoms it is made,
of atoms whose existence reaches back
so far into the past that the parade
of Earth's whole history shrinks to a speck,
a drop in a stupendous cosmic flow.

Aye, we are dust, but atoms in each fleck
have had a full Eternity to know
the Gamut of all Change — the dust we are
once sparkled in an incandescent star!


## PRIMORDIAL MYSTERY

Why do so many wonder at the Soul,
some to deny and others to admit,
yet pass, unawed, a greater mystery:
the riddle of why *anything* exists?

Aye, why should aught exist? Why should this stone?
Why should the atoms that make up its frame?
Why *anything*? This stone, this Universe
are by their mere existence, by their being,

a mystery that overshadows all.
Why *anything*? Beside this mystery
all others fade; the Soul, aye God Himself,
are lesser and dependent mysteries.

## Η ΑΞΙΑ ΤΗΣ ΣΚΟΝΗΣ

Ακούμε πως ο Άνθρωπος είναι σκόνη, αλλά ας αναζητήσουμε
αυτή την ταπεινή σκόνη: είναι φτιαγμένη από άτομα,
από άτομα που η ύπαρξή τους φθάνει
τόσο παλιά στο παρελθόν που η παρέλαση
όλης της ιστορίας της Γης συρρικνώνεται σε μια κουκίδα,
μια σταγόνα στην μεγαλειώδη κοσμική ροή.

Ναι, είμαστε σκόνη, αλλά άτομα σε κάθε μόριο
είχαν μια ολάκερη Αιωνιότητα να ξέρουν
το Φάσμα όλης της Αλλαγής — η σκόνη που είμαστε
κάποτε σπινθήρισε σε ένα λαμπερό αστέρι!


## ΑΡΧΕΓΟΝΟ ΜΥΣΤΗΡΙΟ

Γιατί τόσοι πολλοί διερωτώνται για την Ψυχή,
Κάποιοι για ν' αρνηθούν και άλλοι για να παραδεχθούν,
Αλλά προσπερνούν, αδιάφοροι, ένα μεγαλύτερο μυστήριο:
Τον γρίφο του γιατί υπάρχει το κάθε τι;

Ναι, γιατί θα πρέπει το κάθε τι να υπάρχει; Γιατί αυτή η πέτρα;
Γιατί να υπάρχουν τα άτομα που απαρτίζουν το περίγραμμά της;
Γιατί το κάθε τι; Αυτή η πέτρα, αυτό το Σύμπαν,
είναι και μόνο με την ύπαρξή τους, με το είναι τους,

ένα μυστήριο που επισκιάζει τα πάντα.
Γιατί το κάθε τι; Δίπλα σ' αυτό το μυστήριο
όλα τ' άλλα ωχριούν· η Ψυχή, ναι ο Θεός ο Ίδιος,
είναι μικρότερα κι εξαρτημένα μυστήρια.

ENDING

When a sun of terror surges
to set the skies ablaze,
and, bloated disk, emerges
from banks of smoke and haze;

when Earth's last day is ended
and flames about her stream,
when air and ocean blended
erupt in raging steam;

where then will be the glories
of Man's long Past complete,
the arts, the songs, the stories
that made his heart to beat;

the sum of all the striving
that filled his ardent years,
the urge, the thrust, the driving,
the starward pioneers!

Must all the things Man cherished
to silence pass away,
his name and memory perished
together with his clay,

until no tiniest token
of Man's sublime intent
be left — a relic broken,
but *still* a monument! . . .

Yet when the spirit ponders
if such a World be wise,
this Universe that squanders
so brave an enterprise,

an ant is heard replying:
"Of God and of his plan
Mankind will know when dying
what I know now of Man."

## ΚΑΤΑΛΗΞΗ

Όταν ένας ήλιος τρόμου εκτινάσσεται
για να τυλίξει τους ουρανούς στις φλόγες,
και, φουσκωμένος δίσκος, προβάλλει
από μάζες καπνού και ομίχλης·

όταν η τελευταία μέρα της Γης τελειώσει
και φλόγες γύρω της ρέουν,
όταν αέρας και ωκεανός αναμιχθούν
και ως μανιασμένος ατμός εκτοξευθούν·

πού θα είναι μετά οι δόξες
του μακρού περατωμένου Παρελθόντος του Ανθρώπου,
οι τέχνες, τα τραγούδια, οι ιστορίες,
που έκαναν την καρδιά του να χτυπά·

το σύνολο όλου αυτού του μόχθου
που γέμισε τα φλογερά του χρόνια.
η ορμή, η ώθηση, η οδήγηση,
οι κινούμενοι προς τ' αστέρια πρωτοπόροι!

Πρέπει όλα τα πράγματα που λάτρεψε ο Άνθρωπος
μέσα σε σιωπή να πεθάνουν,
το όνομά του και οι μνήμες του να αφανιστούν
μαζί με τον πηλό του,

χωρίς ούτε το ελάχιστο δείγμα
του μεγαλειώδους σκοπού του Ανθρώπου
να μείνει — ένα σπασμένο λείψανο,
αλλά ακόμη μνημείο! . . .

Όμως, όταν το πνεύμα αναλογίζεται
αν αυτός ο Κόσμος είναι σοφός,
το Σύμπαν που σπαταλάει
μια επιχείρηση τόσο γενναία,

ένα μυρμήγκι ακούγεται ν' απαντάει:
«Για τον Θεό και για το Σχέδιο Του
η Ανθρωπότητα θα ξέρει όταν θα πεθάνει
μόνο ό,τι ξέρω τώρα εγώ για τον Άνθρωπο».

# EAGLE VERSUS AEROPLANE

For once I'll go all modern and I'll sing
(perhaps "sing" is not quite the word to use)
of something mechanistic, some drab thing
this new world has engendered to confuse . . .

— Now wait a bit. That's *not* the modern vein!
Try, say, a brisk ode to an aeroplane.

— An aeroplane? . . . Hum . . . For a theme perhaps
it is as good as any. Let me see:
a web of wire and plywood, canvas flaps,
a popping box-kite lurching awkwardly . . .

— What rubbish! All that ended long ago
in those past days you seem to favour so.

— You may be right. But I would much prefer
to hail an eagle in its streamlined grace;
a thing of gleaming splendour, born to stir
the eager spirit when, in arrowing race,
it speeds with backswept wings across the skies!
I see its tapering beauty as it flies,
so swift and effortless, towards the sun;
I hear its high thin clamour fade away . . .
Ah, gone that eagle and my song is done,
though in my eyes its image glitters yet.

—Neat and concise . . . but . . . *eagle* did you say?
Or have you just described a modern jet!

### ΑΕΤΟΣ ΕΝΑΝΤΙΟΝ ΑΕΡΟΠΛΑΝΟΥ

*Για μια φορά θα γίνω όλο μοντέρνος και θα τραγουδήσω*
*(ίσως «τραγουδήσω» δεν είναι ακριβώς η λέξη που πρέπει)*
*για κάτι μηχανικό, κάποιο άχρωμο πράγμα*
*που αυτός ο νέος κόσμος έχει δημιουργήσει για να μπερδεύει . . .*

— *Τώρα περίμενε λίγο. Αυτό δεν είναι στυλ μοντέρνο!*
*Δοκίμασε, ας πούμε, μια ζωηρή ωδή σε ένα αεροπλάνο.*

— *Ένα αεροπλάνο; . . . Χμ . . . Για ένα θέμα, ίσως,*
*να είναι τόσο καλό όσο οτιδήποτε άλλο. Για να δω:*
*ένα δίχτυ από σύρμα και κόντρα πλακέ, πτερύγια από καμβά*
*ένας χαρταετός που πετιέται κινούμενος περίεργα . . .*

— *Τι βλακείες! Όλα αυτά τελείωσαν πολύ πριν*
*σ' αυτές τις περασμένες μέρες που δείχνεις να τους έχεις τόση αδυναμία.*

— *Ίσως να 'χεις δίκιο. Αλλά θα προτιμούσα περισσότερο*
*να χαιρετήσω έναν αετό στην αεροδυναμική χάρη του:*
*ένα πράγμα λαμπερού μεγαλείου, γεννημένο να προκαλεί*
*πρόθυμο πνεύμα όταν, σε γρήγορη κούρσα,*
*επιταχύνει με φτερά που κλίνουν προς τα πίσω!*
*Βλέπω την εκλεπτυσμένη ομορφιά του όπως πετάει,*
*τόσο σβέλτη και άκοπη, προς τον ήλιο·*
*ακούω την ψηλή, λεπτή κραυγή να σβήνει . . .*
*Αχ, ο αετός έφυγε και το τραγούδι μου τελείωσε,*
*αν και στα μάτια μου η εικόνα του ακόμα λάμπει.*

— *Τακτοποιημένη και συνοπτική . . . αλλά . . . αετός είπες;*
*Ή μόλις περιέγραψες ένα μοντέρνο τζετ;*

## FIELD GUNNER

The smell of burning cordite, honey-sweet,
that twines the senses in its maddening veil;
the slamming of the gun, the dust, the heat,
the ringing of the shell-case on the trail;

the quickened pulse-beat — all these things beget
a vividness of being, a queer delight,
a surge that causes Reason to forget
the vast Unreason of War's clamorous night.

## THE SCARECROW

A Thing is hanging on the wire out there,
a Thing that was a man but yesterday,
a man who thought that life and love were fair . . .
Now he is but a scarecrow hanging there
and jerking to the bullets' impact yet.

A scarecrow that scares not the crows;
a merry merry scarecrow, for all night
it danced with every wind till morning light.

That Thing that was a man but yesterday
had planned its future in the toilsome past;
and it had spent long hours at Wisdom's knees
in silence to perfect the mysteries
that but few can ponder; and its mind
held all the depths of the remoter seas.

That Thing that was a man but yesterday
had planned from eager youth its future lot;
but all the while, although it guessed it not,
it was but training down those arduous years
to be one day a scarecrow and to dance
with the winds merrily . . .

## ΠΥΡΟΒΟΛΗΤΗΣ ΠΕΔΙΟΥ

Η μυρωδιά από καμένο μπαρούτι, γλυκιά σαν μέλι,
που τυλίγει τις αισθήσεις στο εξοργιστικό της πέπλο·
το χτύπημα του όπλου, η σκόνη, η ζέστη,
το κουδούνισμα του κάλυκα στο μονοπάτι·

Ο επιταχυνόμενος καρδιακός παλμός — όλ' αυτά προξενούν
μια ζωντάνια του είναι, μια παράξενη ευχαρίστηση,
ένα τίναγμα που προκαλεί τη Λογική να ξεχάσει
τον απέραντο Παραλογισμό της θορυβώδους νύχτας του Πολέμου.


## ΤΟ ΣΚΙΑΧΤΡΟ

Ένα Πράγμα κρέμεται στο σύρμα εκεί έξω,
ένα Πράγμα που μόλις χθες ήταν άνθρωπος,
ένας άνθρωπος που νόμιζε ότι η ζωή και η αγάπη ήταν ωραίες...
Τώρα δεν είναι τίποτα παρά ένα σκιάχτρο που κρέμετ' εκεί
και τινάζεται ακόμα και με τον αντίκτυπο των σφαιρών.

Ένα σκιάχτρο που δεν τρομάζει τα κοράκια·
ένα πολύ πολύ χαρούμενο σκιάχτρο, που όλη τη νύχτα
χόρευε με κάθε άνεμο μέχρι το ξημέρωμα.

Αυτό το Πράγμα που μόλις χθες ήταν άνθρωπος
είχε σχεδιάσει το μέλλον του στο κοπιαστικό παρελθόν·
κι είχε ξοδέψει πολλές ώρες στα γόνατα της Σοφίας
στη σιωπή για να τελειοποιήσει τα μυστήρια
που μόνο λίγοι μπορούν να τα αναλογιστούν· κι ο νους του
χώρεσε όλα τα βάθη των πιο απομακρυσμένων θαλασσών.

Αυτό το Πράγμα που μόλις χθες ήταν άνθρωπος
είχε προγραμματίσει από τα νιάτα του το μέλλον του·
αλλά στο μεταξύ, αν και δεν το είχε μαντέψει,
όλα αυτά τα κοπιαστικά χρόνια δεν ήταν παρά μια προπόνηση
για να γίνει μια μέρα ένα σκιάχτρο και να χορεύει
ευτυχισμένα με τους ανέμους...

## WESTERN DESERT
(Mersa Matruh, October 1940)

The Desert holds a fascination deep
that twines the spirit in a strandless net;
for, seeing once, it can no more forget
those limitless horizons in their sweep
of far-flung emptiness. That dun-grey sea,
flecked with the camel-thorn's congealing spray,
reverberates the sun's intensity,
or, when the night has wrestled back the day,
sleeps in the silver that the moonbeams share
and laps the stars along its furthest brim
with waves of silence. Silence there commands,
clear and immense as that low-flying flare
where white Canopus broods upon the rim
that rings the mind with calm encroaching sands.


## FALL OF A CITY
(Tobruk, 22nd January 1941)

Smashed windows gape like eyes in fleshless skulls
where white-washed flat-roofed houses face the bay
in which, transfixing pins in grim array,
are stuck the masts of gutted ships — white gulls
their only mourners. Over all a pall
of smoke from the *San Giorgio*, burning yet
upon a reef, blends with the coiling jet-
black reek of blazing oil-tanks in a tall
sign-post of ruin. The deserted street
is littered with the strewn impediment
of furniture, cans, bottles, rags, and gear . . .

A shivering cat sits by a door, and fear
swims in its gaze as with bewilderment
it sees the fall of its small world complete.

## ΔΥΤΙΚΗ ΕΡΗΜΟΣ
*(Μέρσα Ματρούχ, Οκτώβρης 1940)*

Η έρημος κρατάει μια βαθιά σαγήνη
που δένει το πνεύμα σε ένα δίχτυ χωρίς κλωστές·
γιατί, μια φορά να τη δεις, δεν μπορείς πια να ξεχάσεις
τους απέραντους ορίζοντες που στο μήκος τους απλώνεται
ένα απόμερο κενό. Αυτή η λευκο-γκρίζα θάλασσα,
κατάστικτη με το πηκτό νέφος από τα καμηλάγκαθα,
αντηχεί την ένταση του ήλιου,
ή, όταν η νύχτα έχει πάρει τη ρεβάνς από τη μέρα,
κοιμάται στο ασήμι που οι φεγγαρο-αχτίδες μοιράζουν
και χαϊδεύει τ' αστέρια κατά μήκος της μακρινότερου χείλους τους
με κύματα σιωπής. Η σιωπή εκεί διοικεί,
καθαρή και αχανής όπως η λάμψη που πετάει χαμηλά
όπου ο λευκός Κάνωπος κλωσάει πάνω στο χείλος
που κυκλώνει τον νου με ήρεμη άμμο που παρεισδύει.


## ΠΤΩΣΗ ΜΙΑΣ ΠΟΛΗΣ
*(Τομπρούκ, 22η Ιανουαρίου 1941)*

Σπασμένα παράθυρα χάσκουν σαν μάτια σε άσαρκα κρανία
όπου λευκοβαμμένα σπίτια μ' επίπεδες στέγες αντικρίζουν τον όρμο
όπου, διαπεραστικές καρφίδες σε βλοσυρή διάταξη,
είναι κολλημένα τα κατάρτια κατεστραμμένων πλοίων — λευκοί γλάροι
οι μόνοι που θρηνούν. Πάνω, ένα πέπλο
καπνού από το Σαν Τζιόρτζιο, που ακόμα καίει
πάνω από έναν ύφαλο, αναμιγνύεται με τις στριφογυριστές
κατάμαυρες αναθυμιάσεις φλεγόμενων δεξαμενών πετρελαίου
σε μια επιβλητική πινακίδα ολέθρου. Ο ερημωμένος δρόμος
είναι καλυμμένος με διασκορπισμένα εμπόδια
από έπιπλα, δοχεία, μπουκάλια, κουρέλια και εξοπλισμό . . .

Μια τρεμάμενη γάτα κάθεται δίπλα σε μια πόρτα, και φόβος
κολυμπάει στο κοίταγμά της όπως σαστισμένα
βλέπει την πτώση του μικρού της κόσμου να ολοκληρώνεται.

## RAINBOW'S END

The desert brightens as the storm drifts by,
a glorious rainbow curves across the sky;
I gaze and think: "They say the gods befriend
the mortal who can reach the Rainbow's End."

The rainbow's end — I seek it with my eyes;
there in that wired-off strip of sand it lies,
and on the sagging notice-board it shines:
a death's-head with the warning: DANGER MINES.

## CLIMAX IN CRETE
(Canea, 20th May 1941)

Hell in the heavens borne on rushing wings —
wings branded with the Crookèd Cross, swift things
of terror in the morning sun. Linked lines
of gliding death, of death that roars and whines
and shrieks and clangs and chatters till the brain
is numb with noise, bewildered with the eye.
The earth is churned by bomb bursts; in the sky
the futile streaks of Bofors grope in vain.

Now and again a red trail flames and slants
and sheds black tatters, but the devil's round
goes on and on and on . . . Then parasols
flick open, dangling tiny squirming dolls
that seek, in deadly drift towards the ground,
their partners for the raving *Totentanz*.

## ΤΟ ΤΕΛΟΣ ΤΟΥ ΟΥΡΑΝΙΟΥ ΤΟΞΟΥ

*Η έρημος φωτίζεται όπως περνάει η καταιγίδα,*
*ένα ένδοξο ουράνιο τόξο καμπυλώνει στο πλάτος τ' ουρανού·*
*παρατηρώ και σκέφτομαι: «Λένε πως οι θεοί προστατεύουν*
*τον θνητό που μπορεί να φθάσει στο Τέλος του Ουράνιου Τόξου».*

*Το τέλος του ουράνιου τόξου — το ψάχνω με τα μάτια μου·*
*βρίσκεται εκεί σε σύρμα αγκαθωτό στην άμμο,*
*και σε ένα γερμένο πίνακα ανακοινώσεων αστράφτει:*
*μια νεκροκεφαλή με την προειδοποίηση: ΚΙΝΔΥΝΟΣ ΝΑΡΚΕΣ.*


## ΚΟΡΥΦΩΣΗ ΣΤΗΝ ΚΡΗΤΗ
*(Χανιά, 20η Μαΐου 1941)*

*Κόλαση στους ουρανούς μεταφέρεται με ορμητικά φτερά —*
*φτερά διακοσμημένα με τον Αγκυλωτό Σταυρό, σβέλτα πράγματα*
*τρόμου στον πρωινό ήλιο. Ενωμένες γραμμές*
*κυλιόμενου θανάτου, θανάτου που βρυχάται και κλαψουρίζει*
*και στριγκλίζει και αντηχεί και κροταλίζει μέχρι ο νους*
*να μουδιάσει απ' τον θόρυβο, να σαστίσει με το μάτι.*
*Η γη χτυπιέται από εκρήξεις βομβών· στον ουρανό*
*οι ανώφελες αστραπές των Μποφόρ ψάχνουν μάταια.*

*Πού και πού ένα κόκκινο ίχνος φλέγεται και γέρνει*
*και ρίχνει μαύρα κουρέλια, αλλά ο γύρος του διαβόλου*
*συνεχίζει και συνεχίζει... Μετά ομπρέλες*
*ανοίγουν, από τις οποίες κρέμονται μικροσκοπικές στριφογυριστές κούκλες*
*που ψάχνουν, σε νεκρική κίνηση προς το έδαφος,*
*τους συντρόφους τους στο ξέφρενο Τότεντάντς.*

# NOTES

Each title is preceded by the page number of the poem.

[TS] indicates notes or parts of notes by Theodore Stephanides from the original 1965 edition of *The Golden Face*.

[VK] indicates notes or parts of notes added by the translator, Vera Konidari, for the present dual-language edition, and translated into English by the editor.

[AH] indicates notes or parts of notes added by the editor, Anthony Hirst.

### 4. *On seeing a blackbird . . .*
*Pitys withami* is a species of very large extinct tree of the Gymnospermae group, said to have reached heights of up to 14 metres. The 10.5-metre section of a trunk of *Pitys withami* in the Gardens of the Natural History Museum in London was found in Craigleith Quarry near Edinburgh in 1826. Once erected in the Museum Gardens, it is now laid flat, and in several pieces, on a bed of gravel. [VK & AH]

### 12. *This is their life*
This satirical poem on travel in the London Underground evokes the Gadarene Swine of the Gospels (Matthew 8.28–34, Mark 5.1–20, Luke 8.26–39) in the first stanza, and in the third the ancient Greek practice of putting an obol coin into the mouths of the dead, so that they could pay the boatman Charon to ferry them across the river Styx into the Underworld. [AH]

### 18. *Modern Upas*
See the note to p. 60, *The Upas Tree*, below.

### 20. *The submerged garden*
There is a local tradition that the ruins of a Roman villa lie submerged off the tiny port of Kassiopi on the northeast coast of Corfu. The coping of a well and the flagstones of a pavement have occasionally been seen, and are described by Lawrence Durrell in *Prospero's Cell*. There is little doubt that the shores of Corfu have sunk since early historical times. The island opposite the temple of Hera, where, according to Thucydides, the Corcyrean democratic party imprisoned their political opponents at the time of the Peloponnesian War, is no longer above sea-level. Bruzzià, a flat-topped rock only a few yards square near the entrance to Corfu harbour, is depicted on seventeenth-century maps as large enough to afford room for three houses. [TS]

### 20. *Anachronism*
The caïque is a type of sailing-ship seen in the eastern Mediterranean. It is a two-masted, lateen-rigged, carvel-built vessel with a high bow, a raised stern, and a deep rudder. The usual size for a caïque is from 15 to 20 tons, and many of them are now fitted with auxiliary diesel engines. It is strange how little the modern caïque has changed from its Classical forerunner of 600 BC represented on Greek pottery and coins. The only important differences are that the ancient vessel had only one mast with a square sail, and was provided with one or more steering-oars instead of a rudder.

# NOTES

As in Classical times, the caïque's underwater timbers are often charred to protect them from the ship-worm (*Teredo navalis*), this being a cheaper method than copper-bottoming. [TS]

### 22. *Dogs baying at the moon*
Stephanides makes extensive reference to this legend in his travel memoir, *Island Trails* (London: Macdonald, 1973), pages 20–21. [VK]

The title in the original 1965 publication is "Dogs baying the moon", both with the poem and in the Contents. The transitive use of "bay" (without "at") is not incorrect, but so unusual as to suggest an error. I have therefore inserted the "at", conforming to the expression used in the first line of the poem. [AH]

### 24. *The catch*
The casting net has been used in all Mediterranean countries since Antiquity. It is a circular net, some 8 feet [2.4m] in diameter, with numerous lead weights along its whole rim. When well thrown it spreads into a perfect disk before hitting the sea and, in the shallow waters where it is employed, it traps the fish between its meshes and the sea floor. [TS]

### 28. *The medieval wall*
The ruined medieval wall with its five curious stone heads can be seen in Corfu's Plati Kadouni [Moustoxidi Street] and, although it was never entirely walled in as described in the poem, it formed part of newer buildings for several centuries. After the destruction of these latter during World War II, the old wall was recognised as a relic of the Angevin Dynasty (1267–1385 AD); it then supported the ladies' balcony of the local tilting-ground. [TS]

### 30. *The Golden Face*
This famous funeral mask from Mycenae, now in the National Archaeological Museum in Athens, was discovered by Heinrich Schliemann in 1876. Schliemann believed at first that he had found the actual grave of Agamemnon of the *Iliad*, but it is now known that the mask dates back to the 16th century BC. This is some three hundred years before the Trojan War whose beginning is generally placed at 1194 BC. [TS]

### 32. *Tanagra figurine*
Tanagra, a small town of Ancient Greece about 26 miles [42 km] north of Athens, was renowned for its terra-cotta figurines. The most lively of these were beautifully modelled dancing girls, specimens of which can be seen in the important museums. [TS]

### 36. *Wind-flower*
According to Ancient Greek legend, Anemone was a Nymph who fell in love with Boreas, god of the North Wind. She was transformed into a flower of the same name which blooms in February and March, the season when the north wind blows its strongest. [TS]

### 38. *Vain pursuit*
Atalanta was a huntress in Greek mythology who had taken a vow of virginity. But her father wanted her to marry and she agreed to marry the man who could outrun her in a

race. The many who failed were put to death. Hippomenes eventually defeated her by a trick and she was obliged to marry him. [AH]

### 40. *Fly in amber*
Amber is the fossilised resin of *Pinites succinifera*, a pine-like tree which formed great forests, some twenty million years ago, in lands which are now covered by the Baltic Sea. It sometimes contains flies and other insects which were trapped when the trees were living and the amber still soft and sticky. [TS]

### 54. *The butterfly*
To the Ancient Greeks the butterfly, which changes from a lowly grub into a radiant winged creature, was a symbol of the soul, and the Classical name *psyche* is the same for both. [TS]

The butterfly referring to itself as "the fluttering emblem of futility" evokes the word "ephemeral" (from Greek, meaning "[lasting only] for a day"), commonly applied to butterflies. However, in zoological taxonomy (a major preoccupation of Stephanides') butterflies and moths do not belong to the genus *Ephemera* (mayflies), nor to any of the higher taxonomic ranks of Ephemeridae, Ephemeroidea or Ephemeroptera. [AH]

### 60. *The Upas Tree*
The Upas Tree of Java, *Antiaris toxicana*, was once thought to be so deadly that it killed any living thing that rested or slept under its branches. It is now know to be harmless, unless its poisonous sap is injected into the blood-stream. [TS]

The Upas tree grows in Asia and Africa and produces a milky sap (latex) which has been used as a poison for arrows. Myths and legends have grown up around this tree and many improbable stories have been written about it. [VK]

### 64. *Light-shadowed*
It is believed among the Greek peasantry that a Nereid will sometimes mate with a mortal. Their progeny will be "light-shadowed" (*alaphroïskioti*), people not entirely of this world, whose shadows weigh but lightly on the earth. They are destined to be poets, musicians, or madmen, and will usually die young. [TS]

### 64. *Permanence*
Tide, wind, and ripple marks occur — and have been studied by geologists — in rock formations many hundreds of millions of years old. [TS]

### 70. *Fata Morgana*
Fata Morgana is a name for a mirage sometimes seen in the Straits of Messina between mainland Italy and Sicily. Buildings and other landmarks appear enormously exaggerated in height and look as if many tiers of the same object were piled one on top of the other. Colours, too, are intensified and curiously blended. [TS]

### 74. *In the mind's eye*
The expression "obscure our sight to Nature's beauty" is beyond the range of normal English syntax, but there is no easy way to correct it. Stephanides is using "obscure" as if it functioned like "blind", but the object of "obscure" should be the thing which can

no longer be seen clearly, not the organ or function of seeing. One could change "to" to "of" but the meaning would then be much more pedestrian and less dynamic than Stephanides intended, which was "blind us (*or* our eyes) to Nature's beauty". [AH]

## 74. *Phantasmagoria*
The word "eidola" is the plural of "eidolon", a Greek word that has some currency in English, but the range of meanings in the two languages is not the same. It is the source of the English word "idol" and that is still its primary meaning in Modern Greek, though extended to mean "reflexion" and "image". In Ancient Greek the primary meaning was "phantom", and that and "idealised image" are the usual meanings in English. That "phantoms" is intended here is clear from the title of the poem. [AH]

## 76. *Red for danger*
The location of the "chemist's window" was presumably in the town in northern India where the family lived when he "was five", since *"used to hold* my gaze" implies that he saw the carboy regularly. [AH]

## 84. *Man*
The first line is a well-known phrase in many languages, ultimately attributable to Aesop, from a fable which has not otherwise survived. It was quoted by, among others, the first-century Greek satirist Lucian of Samosata, in the form — still well known among Greeks today — which the translator has used here: *odinen oros kai eteken mun*. [AH]

## 88. *Anthropos*
The Ancient (and Modern) Greek name for Man, *anthropos*, literally means "he who looks upwards". It distinguishes Man from the other living creatures whose gaze is directed towards the ground and who, in consequence, have never wondered at the sight of the starry heavens. [TS]

*Anthropos* (Ἄνθρωπος), "man" in the sense of "human being", is sometimes said to mean "standing upright", being a compound of ἀνά (*ana*) meaning "up" and the Ancient Greek verb θρώσκειν (*throskein*) meaning "to raise" or "to elevate"; or more directly derived from the compound verb form ἀναθρώσκειν (*anathroskein*) meaning "to raise up" or "to arise". The absence of any remnant of the element *-sk-* in *anthropos* leaves this somewhat doubtful. Stephanides' interpretation of *Anthropos* as "He Who *Looks* Upwards" makes the meaning slightly more specific than that etymology allows, but he may be have been thinking — and he could conceivably be right — that the *-op-* element of the word was derived from Ancient Greek ὄψ (*ops*), genitive ὄπος (*opos*), meaning "eye". One opinion that agrees as far as *ops* is concerned, derives the first part of the word from ἀνδρός (*andros*) the genitive of ἀνήρ (*aner*) meaning "man" in the sense of male person, and suggests an original meaning of "that which looks like a man". The etymology of *anthropos* is a matter of ongoing scholarly debate. The question is by no means settled, nor ever likely to be; and it may well be that the word is of non-Greek origin and cannot, therefore, be derived from other Greek words. [AH]

## 96. *Field gunner*
From May 1917 to the end of the First World War Stephanides served in a Greek artillery regiment on (or in training camps behind) the Macedonian Front. He recorded

in a diary his acute observations of the difficulties, dangers and effects of the firing of artillery pieces. He himself, though trained as a gunner, was more often involved in reconnaissance, range-finding and liaison with British and French forces. [AH]

**98. *Western Desert***
During the Second World War campaigns were undertaken in North Africa from June 1940 to May 1943, by both the Allies and the Axis Powers, because of the strategic importance of the area. The three principal phases of the Allied operations were the Western Desert Campaign, Operation Torch (an Allied landing in French North Africa) and the Campaign in Tunisia. When the British refer to the Western Desert they mean the region of the north Sahara which extends west from the Nile Delta and reaches as far as the region of Cyrenaica (in Eastern Libya). Stephanides' poem "The Western Desert" and the following "Fall of a city" and "Rainbow's end" refer to the Western Desert Campaign in which he took part as an officer in the British Royal Army Medical Corps. Canopus is the brightest star in the constellation Carina, and the second-brightest star in the night sky after Sirius. [VK]

**98. *Fall of a city***
The *San Giorgio* was a stationary Italian gunnery training vessel positioned on a sandbank close to the harbour of Tobruk (a city in eastern Libya near to the border with Egypt). It was badly damaged by Allied aircraft and caught fire in the battle for Tobruk, on the date given by Stephanides. [AH]

**100. *Climax in Crete***
In this poem the poet recalls images from the Battle of Crete during the Second World War, as he himself experienced them serving as an army doctor in the British Royal Army Medical Corps, prior to his service in the Western Desert. *Totentanz* or "Dance of Death" or "Danse Macabre" originally denoted a common subject in late medieval and Renaissance paintings, in which people of all social classes are led away by the figure of Death, often with many skeletons, each holding a person's hand. More recent, and perhaps now better known, is a symphonic composition by Franz Liszt with the title *Totentanz*. The Bofors is an anti-aircraft gun designed in the 1930s for the Swedish army. It was one of the most widely used weapons in the Second World War. [VK & AH]

Canea was the Venetian name for Crete's second-largest city, Chania (until 1971 the island's capital), situated towards the west end of the north coast of the island, and one of the focal points of the Battle of Crete (1941). "Crookèd Cross" translates the Greek phrase *Ankylotos Stavros* which denotes the swastika. Stephanides' memoir of his part in the Battle of Crete, the subsequent retreat through the mountains to the south coast of the island and evacuation from there to Egypt was published in 1946, with the same title as this poem. [AH]

# ΣΗΜΕΙΩΣΕΙΣ

Σε κάθε τίτλο ποιήματος προηγείται ο αριθμός σελίδας.

[ΘΣ] υποδεικνύει σημειώσεις ή μέρος σημειώσεων του Θεόδωρου Στεφανίδη από την πρωτότυπη αγγλική έκδοση της συλλογής *Το Χρυσό Προσωπείο* του 1965 και έχουν μεταφρασθεί στα ελληνικά από τη Βέρα Κονιδάρη.

[ΒΚ] υποδεικνύει σημειώσεις ή μέρος σημειώσεων οι οποίες προστέθηκαν από τη μεταφράστρια, Βέρα Κονιδάρη, για την παρούσα δίγλωσση έκδοση.

[ΑΧ] υποδεικνύει σημειώσεις ή μέρος σημειώσεων οι οποίες προστέθηκαν από τον εκδότη Άντονι Χερστ και έχουν μεταφρασθεί στα ελληνικά από τη Βέρα Κονιδάρη.

### 5. *Βλέποντας ένα κοτσύφι ...*
*Pitys withami* είναι ένα εξαφανισμένο είδος πολύ μεγάλου δέντρου της ομάδας των γυμνόσπερμων, το οποίο λέγεται πως έφτανε σε ύψος έως και 14 μέτρα. Τμήμα κορμού ενός *Pitys withami*, μήκους 10.5 μέτρων, το οποίο εκτίθεται στους Κήπους του Μουσείου Φυσικής Ιστορίας του Λονδίνου, είχε βρεθεί στο Craigleith Quarry κοντά στο Εδιμβούργο το 1826. Αν και κάποτε έστεκε όρθιο στους Κήπους του Μουσείου, τώρα βρίσκεται ξαπλωμένο και χωρισμένο σε αρκετά κομμάτια σε ένα στρώμα από χαλίκια. [ΒΚ & ΑΧ]

### 13. *Αυτή είναι η ζωή τους*
Αυτό το σατιρικό ποίημα για τις μετακινήσεις με το Μετρό του Λονδίνου φέρνει στο νου τους δαιμονισμένους Γαδαρηνούς Χοίρους που απαντώνται στα Ευαγγέλια (Ματθαίος 8.28–34, Μάρκος 5.1–20, Λουκάς 8.26–39). [ΑΧ]

### 17. *Λονδρέζικος γλάρος*
Η λίμνη Σερπεντάιν (Serpentine) βρίσκεται στο Χάιντ Παρκ του Λονδίνου και εκτείνεται από το Χάιντ Παρκ έως τους Κήπους του Κένσιγκτον. Πρόκειται για μια τεχνητή λίμνη αναψυχής, μεγέθους 40 εκταρίων, η οποία δημιουργήθηκε το 1730 κατόπιν εντολής της Βασίλισσας Καρολίνας. Πήρε το όνομά της (serpentine = φιδίσιος/ελικοειδής) από το καμπυλωτό σχήμα της που θυμίζει φίδι. [ΒΚ]

### 19. *Μοντέρνα Upas*
Βλ. παρακάτω, σημειώσεις για τη σελίδα 61, «Τα δέντρα Upas».

### 21. *Ο Βυθισμένος Κήπος*
Υπάρχει μια ντόπια παράδοση σύμφωνα με την οποία τα ερείπια μιας ρωμαϊκής βίλας βρίσκονται βυθισμένα έξω από το μικρό λιμάνι της Κασσιώπης στη Β.Α. ακτή της Κέρκυρας. Το επιστέγασμα ενός πηγαδιού και η πλάκα ενός πεζοδρομίου έχουν ειδωθεί κατά καιρούς και περιγράφονται στη *Σπηλιά του Πρόσπερου* του Λώρενς Ντάρελ. Δεν υπάρχει σχεδόν καμία αμφιβολία ότι οι ακτές της Κέρκυρας έχουν βυθιστεί από τους πρώιμους ιστορικούς χρόνους. Το νησί απέναντι από τον ναό της Ήρας όπου, σύμφωνα με τον Θουκυδίδη, το κερκυραϊκό δημοκρατικό κόμμα φυλάκισε τους πολιτικούς αντιπάλους του τον καιρό του πελοποννησιακού πολέμου, δεν βρίσκεται πια πάνω από τη στάθμη της θάλασσας. Μπρουτσιά, ονομάζεται ένας επίπεδος βράχος μόνο μερικές γιάρδες κοντά στο λιμάνι της Κέρκυρας. Αναπαρίσταται σε βενετσιάνικους χάρτες του 17ου αιώνα αρκετά μεγάλος για να χωρέσει τρία σπίτια. [ΘΣ]

ΣΗΜΕΙΩΣΕΙΣ

21. *Αναχρονισμός*
Το *καΐκι* είναι ένας τύπος ιστιοφόρου πλοίου που συναντάται στην ανατολική Μεσόγειο. Είναι δικάταρτο, με τριγωνικό πανί, σκάφος κατασκευασμένο με τη μέθοδο καραβέλας με ψηλή πλώρη, ανασηκωμένη πρύμνη, και βαθύ πηδάλιο. Το συνηθισμένο μέγεθος *καϊκιού* είναι από 15 έως 20 τόνοι, και πολλά από αυτά είναι τώρα εξοπλισμένα με βοηθητικές μηχανές Ντίζελ. Είναι παράξενο πόσο λίγο έχει αλλάξει το σύγχρονο *καΐκι* από τον κλασικό πρόδρομο του 600 π.Χ. όπως αυτό απεικονίζεται στην ελληνική αγγειοπλαστική και στα νομίσματα. Οι μόνες σημαντικές διαφορές είναι ότι το αρχαίο σκάφος είχε μόνο ένα κατάρτι και τετράγωνο πανί, και ήταν εξοπλισμένο με ένα ή περισσότερα κουπιά πλοήγησης αντί για πηδάλιο. Όπως στους κλασσικούς χρόνους η ύφαλη ξυλεία του *καϊκιού* είναι συχνά επεξεργασμένη με ψήσιμο για προστασία από το σκουλήκι των καραβιών (*Teredo navalis*, αλλιώς Τερεδινίδες), όντας φθηνότερη μέθοδος σε σχέση με τη χρήση εξωτερικών χάλκινων πλακών. [ΘΣ]

23. *Σκυλιά ουρλιάζουν στο Φεγγάρι*
Εκτενή αναφορά σε αυτό τον θρύλο κάνει ο Στεφανίδης και στα ταξιδιωτικά του απομνημονεύματα με τίτλο *Island Trails*, εκδόσεις Macdonald, 1973, σελ. 20–21. [ΒΚ]

25. *Η Ψαριά*
Το δίχτυ ψαρέματος έχει χρησιμοποιηθεί σε όλες τις μεσογειακές χώρες από την αρχαιότητα. Είναι ένα κυκλικό δίχτυ, περίπου οκτώ πόδια (2,4 μέτρα) σε διάμετρο με πολυάριθμα βαρίδια μολύβδου κατά μήκος ολόκληρου του χείλους του. Όταν ρίχνεται καλά, απλώνεται σε τέλειο δίσκο πριν χτυπήσει τη θάλασσα, και όταν χρησιμοποιείται στα ρηχά νερά, παγιδεύει τα ψάρια μεταξύ των νημάτων του και του πυθμένα της θάλασσας. [ΘΣ]

29. *Μεσαιωνικός τοίχος*
Ο κατεστραμμένος μεσαιωνικός τοίχος με τις πέντε περίεργες πέτρινες κεφαλές συναντάται στο Πλατύ Καντούνι (Οδός Μουστοξύδη) της Κέρκυρας και, παρά το γεγονός ότι δεν ήταν ποτέ πλήρως περιτοιχισμένος όπως περιγράφεται στο ποίημα, αποτελούσε μέρος νέων κτηρίων για αρκετούς αιώνες. Μετά την καταστροφή των τελευταίων κατά τη διάρκεια του Β΄ Παγκοσμίου Πολέμου, ο παλαιός τοίχος αναγνωρίστηκε ως ερείπιο της δυναστείας των Ανδηγαυών (1267–1386 μ.Χ.)· υποστήριζε τον γυναικωνίτη του ντόπιου πεδίου μονομαχίας ιππέων με κοντάρια. [ΘΣ]

31. *Το χρυσό προσωπείο*
Αυτή η διάσημη μάσκα θανάτου από τις Μυκήνες, τώρα στο Εθνικό Αρχαιολογικό Μουσείο, ανακαλύφθηκε από τον Ερρίκος Σλήμαν το 1876. Αρχικά ο Σλήμαν πίστευε πως είχε βρει τον πραγματικό τάφο του Αγαμέμνονα της «Ιλιάδας», αλλά είναι τώρα γνωστό ότι η μάσκα χρονολογείται στον 16ο αιώνα π.Χ. Αυτό είναι περίπου τριακόσια χρόνια πριν από τον Τρωικό Πόλεμο η αρχή του οποίου γενικώς τοποθετείται στο 1194 π.Χ. [ΘΣ]

33. *Το αγαλματίδιο της Τανάγρας*
Η Τανάγρα, μια μικρή πόλη της αρχαίας Ελλάδας περίπου 26 μίλια [42χλμ] βόρεια της Αθήνας, ήταν ονομαστή για τα αγαλματίδιά της από τερακότα. Τα πιο ζωντανά από αυτά ήταν όμορφα χαραγμένες χορεύτριες, δείγματα των οποίων μπορεί κανείς να δει σε σημαντικά μουσεία. [ΘΣ]

## ΣΗΜΕΙΩΣΕΙΣ

### 37. Ανεμώνη
Σύμφωνα με αρχαιοελληνικό μύθο, η Ανεμώνη ήταν μια Νύμφη που ερωτεύτηκε τον Βορέα, θεό του βοριά. Μεταμορφώθηκε στο ομώνυμο λουλούδι που ανθίζει τον Φεβρουάριο και τον Μάρτιο, την εποχή που ο βοριάς φυσάει πιο δυνατά. [ΘΣ]

### 41. Μύγα σε κεχριμπάρι
Κεχριμπάρι είναι το απολιθωμένο ρετσίνι του *Pinites succinifera*, ενός πευκοειδούς δέντρου που σχημάτιζε μεγάλα δάση, περίπου είκοσι εκατομμύρια χρόνια πριν, σε εδάφη που είναι τώρα καλυμμένα από τη Βαλτική Θάλασσα. Κάποιες φορές περιέχει μύγες και άλλα έντομα που είχαν παγιδευτεί όταν τα δέντρα ήταν ζωντανά και το κεχριμπάρι ακόμη απαλό και κολλώδες. [ΘΣ]

### 55. Η πεταλούδα
Για τους αρχαίους Έλληνες η πεταλούδα, που αλλάζει από μια τιποτένια κάμπια σ' ένα αστραφτερό φτερωτό πλάσμα, ήταν σύμβολο της ψυχής, και η κλασσική ονομασία, *ψυχή*, είναι η ίδια και για τα δύο. [ΘΣ]

### 61. Το Δέντρο Upas
Τα δέντρα Upas της Ιάβας, *Antiaris toxicaria*, θεωρούνταν κάποτε τόσο θανατηφόρα που σκότωναν κάθε ζωντανό πράγμα που αναπαυόταν ή κοιμόταν κάτω από τα κλαδιά του. Τώρα θεωρείται ακίνδυνο, εκτός εάν ο δηλητηριώδης χυμός του χορηγηθεί με ένεση στη ροή του αίματος. [ΘΣ]

Το δέντρο Upas φύεται στην Ασία και την Αφρική και παράγει χυμό γαλακτώδη (latex) ο οποίος χρησιμοποιείτο ως δηλητήριο για βέλη. Θρύλοι και μύθοι ακολουθούν αυτό το δέντρο και έχουν γραφτεί για αυτό πολλές απίθανες ιστορίες. [ΒΚ]

### 65. Αλαφροΐσκιωτοι
Θεωρείται μεταξύ των ελλήνων χωρικών πως μια Νηρηίδα μπορεί μερικές φορές να σμίξει μ' ένα θνητό. Οι απόγονοί τους θα είναι «αλαφροΐσκιωτοι», άνθρωποι όχι αποκλειστικά απ' αυτόν τον κόσμο που οι σκιές τους είναι ελαφριές πάνω στη γη. Είναι προορισμένοι να γίνουν ποιητές, μουσικοί, ή τρελοί και συνήθως πεθαίνουν νέοι. [ΘΣ]

### 65. Μονιμότητα
Σημάδια παλίρροιας, ανέμου και κυματισμοί υπάρχουν και έχουν μελετηθεί από γεωλόγους σε βραχώδεις σχηματισμούς ηλικίας πολλών εκατοντάδων εκατομμυρίων ετών. [ΘΣ]

### 71. Φάτα Μοργκάνα
*Φάτα Μοργκάνα* είναι η ονομασία για έναν αντικατοπτρισμό που μερικές φορές γίνεται αντιληπτός στα στενά της Μεσσίνας μεταξύ Ιταλίας και Σικελίας. Κτήρια και άλλα ορόσημα εμφανίζονται υπερβολικά τεράστια σε ύψος και μοιάζουν σαν πολλοί όροφοι του ίδιου αντικειμένου να είναι στοιβαγμένοι ο ένας πάνω στον άλλο. Τα χρώματα επίσης είναι τονισμένα και περιέργως αναμεμειγμένα. [ΘΣ]

### 75. Φαντασμαγορία
Η λέξη «είδωλα» είναι ο πληθυντικός του «είδωλον», μια ελληνική λέξη που έχει χρήση στα αγγλικά, αλλά το εύρος των νοημάτων στις δυο γλώσσες δεν είναι το ίδιο. Είναι η προέλευση της αγγλικής λέξης «idol» και αυτό είναι ακόμα το πρωταρχικό νόημα στα νέα ελληνικά. Ωστόσο, στα ελληνικά σημαίνει επίσης «αντανάκλαση» και «εικόνα». Στα αρχαία ελληνικά το πρωταρχικό νόημα ήταν «φάντασμα» και

ΣΗΜΕΙΩΣΕΙΣ

«εξιδανικευμένη εικόνα» και οι ίδιες έννοιες απαντώνται στην αγγλική γλώσσα. [ΑΧ]

**77. Κόκκινο κινδύνου**
Η τοποθεσία της βιτρίνας του φαρμακείου που τραβούσε το βλέμμα του ποιητή όταν ήταν πέντε ετών, πρέπει να βρισκόταν σε πόλη της βόρειας Ινδίας, εκεί όπου ζούσε τότε η οικογένεια Στεφανίδη. [ΑΧ]

**85. Άνθρωπος**
Η αρχαία (και σύγχρονη) ονομασία για τον Άνθρωπο σημαίνει κυριολεκτικά «αυτός που κοιτάει προς τα πάνω». Αυτό διαφοροποιεί τον Άνθρωπο από τα άλλα ζώντα πλάσματα των οποίων το βλέμμα κατευθύνεται προς το έδαφος και που, προφανώς, δεν έχουν ποτέ αναρωτηθεί για την όψη των έναστρων ουρανών. [ΘΣ]

Η πρώτη γραμμή είναι μια γνωστή φράση σε πολλές γλώσσες, που ουσιαστικά αποδίδεται στον Αίσωπο, από έναν μύθο που δεν έχει κατά τα άλλα διασωθεί. Είχε μνημονευθεί μεταξύ άλλων, από τον έλληνα σατιρικό ποιητή του πρώτου αιώνα Λουκιανό τον Σαμοσατέα, στην μορφή — ακόμα πολύ γνωστή μεταξύ των Ελλήνων σήμερα — που η μεταφράστρια έχει χρησιμοποιήσει εδώ: «ὤδινεν ὄρος καὶ ἔτεκεν μῦν». [ΑΧ]

**95. Αετός ενάντιον αεροπλάνου**
Ο ποιητής χρησιμοποιεί τη λέξη "box-kite", η οποία δεν έχει αντίστοιχη μετάφραση στην ελληνική γλώσσα. Περιφραστικά μπορεί κανείς να κάνει λόγο για ένα χαρταετό σε σχήμα κουτιού, ή αλλιώς για έναν κυψελοειδή αετό όπου δύο κύβοι τυλιγμένοι με ύφασμα είναι ενωμένοι στο μέσον με ένα κοντάρι. Ο «χαρταετός–κουτί» πετά με τη μία πλευρά και δεν χρειάζεται ουρά. Πρόκειται για μια εφεύρεση του Αυστραλού Λόρενς Χαργκρέιβ, ο οποίος τη δεκαετία του 1890 κατασκεύασε έναν χαρταετό σε σχήμα κουτιού που μπορούσε να σηκώσει το βάρος ενός ανθρώπου. Τα σχέδια του υιοθετήθηκαν ευρέως και από το 1890 και για περίπου 40 χρόνια, οι χαρταετοί-κουτιά, οι οποίοι αποτελούνταν από δυο ή περισσότερα κουτιά, αξιοποιήθηκαν από την επιστημονική κοινότητα για την αποστολή στον αέρα μετεωρολογικών οργάνων. Οι χαρταετοί αυτοί αποτέλεσαν επίσης τον προάγγελο του αεροπλάνου. Ο Στεφανίδης, στο εν λόγω ποίημα, αναφέρεται και στα πρώτα αεροπλάνα, τα επονομαζόμενα διπλάνα. Ένα διπλάνο είναι ένα αεροσκάφος στο οποίο οι δύο κύριες πτέρυγες βρίσκονται τοποθετημένες η μία πάνω στην άλλη. Πολλά αεροπλάνα χρησιμοποίησαν την παραπάνω διάταξη πτερύγων τα πρώτα χρόνια της αεροπλοΐας. [ΒΚ]

**97. Πυροβολητής πεδίου**
Από τον Μάιο του 1917 έως το τέλος του Α΄ Παγκοσμίου Πολέμου, ο Στεφανίδης υπηρέτησε στο ελληνικό σύνταγμα πυροβολικού (ή σε στρατόπεδα εκπαίδευσης στα μετόπισθεν) στο Μακεδονικό Μέτωπο. Κατέγραψε σε ημερολόγιο τις οξείες παρατηρήσεις του αναφορικά με τις δυσκολίες, τους κινδύνους και τα αποτελέσματα της ρίψης πυροβολικού υλικού. Ο ίδιος, παρόλο που είχε εκπαιδευτεί ως πυροβολητής, εμπλεκόταν πιο συχνά σε αναγνώριση, εύρεση εμβέλειας και διασύνδεση με τις βρετανικές και γαλλικές δυνάμεις. [ΑΧ]

**97. Το σκιάχτρο**
Στον πρώτο στίχο της δεύτερης στροφής ο ποιητής αναφέρεται σε «ένα σκιάχτρο που δεν τρομάζει τα κοράκια». Ο αντίστοιχος αγγλικός στίχος «a scarecrow that scares not the crows» στην ουσία επιχειρεί ένα λογοπαίγνιο της λέξης scarecrow (σκιάχτρο), καθώς τα δύο συνθετικά της σημαίνουν *τρομάζω* (scare) και *κοράκι* (crow). [ΒΚ]

ΣΗΜΕΙΩΣΕΙΣ

**99. *Δυτική Έρημος***
Κατά τον Β΄ Παγκόσμιο Πόλεμο πραγματοποιήθηκαν εκστρατείες στη βόρεια Αφρική, από τον Ιούνιο 1940 έως τον Μάιο 1943, τόσο από τους συμμάχους όσο και από τον Άξονα, για τη στρατηγική σημασία της περιοχής. Οι τρεις κυριότερες φάσεις των διασυμμαχικών επιχειρήσεων ήταν η Εκστρατεία της Δυτικής Ερήμου, η Επιχείρηση Πυρσός (διασυμμαχική απόβαση) και η Εκστρατεία στην Τυνησία. Όταν οι Βρετανοί αναφέρονται στη Δυτική Έρημο, εννοούν την περιοχή της βόρειας Σαχάρας η οποία εκτείνεται δυτικά του Δέλτα του Νείλου και φθάνει έως την Κυρηναϊκή Χερσόνησο, δηλαδή την ανατολική Λιβύη. Ο Θεόδωρος Στεφανίδης, στο ποίημά του «Δυτική Έρημος», καθώς και στα επόμενα «Πτώση μιας πόλης» και «Το τέλος του ουράνιου τόξου» αναφέρεται στην εκστρατεία της Δυτικής Ερήμου κατά τον Β΄ Παγκόσμιο Πόλεμο, στην οποία έλαβε μέρος ως στρατιωτικός γιατρός στο Βασιλικό Υγειονομικό Σώμα του Βρετανικού Στρατού. Ο Κάνωπος είναι ο φωτεινότερος αστέρας στον αστερισμό Τρόπιδα αλλά και ο δεύτερος σε φωτεινότητα ολόκληρης της ουράνιας σφαίρας μετά τον Σείριο. [ΒΚ]

**99. *Πτώση μιας πόλης***
Το San Giorgio ήταν ένα σταθμευμένο εκπαιδευτικό σκάφος του ιταλικού πυροβολικού και ήταν τοποθετημένο σε μια αμμώδη ακτή κοντά στο λιμάνι του Τομπρούκ (μια πόλη στην ανατολική Λιβύη, κοντά στα σύνορα με την Αίγυπτο). Υπέστη μεγάλες ζημίες από αεροσκάφος των Συμμάχων και έπιασε φωτιά στη μάχη του Τομπρούκ, την ημέρα που αναφέρει στο ποίημά του ο Στεφανίδης. [ΑΧ]

**101. *Κορύφωση στην Κρήτη***
Στο ποίημα αυτό ο ποιητής ανακαλεί εικόνες από τη Μάχη της Κρήτης κατά τον Β΄ Παγκόσμιο Πόλεμο, όπως τις έζησε ο ίδιος, πριν υπηρετήσει στη Δυτική Έρημο. Η λέξη *Τότεντάντς*, ή "Dance of Death", ή "Danse Macabre" αρχικά υποδήλωνε ένα κοινό θέμα στην ύστερη μεσαιωνική και αναγεννησιακή ζωγραφική, σύμφωνα με το οποίο άνθρωποι από όλες τις κοινωνικές τάξεις οδηγούνται από τη φιγούρα του Θανάτου, συχνά με πολλούς σκελετούς, όπου ο καθένας κρατάει το χέρι ενός ανθρώπου. Πιο πρόσφατη και πιθανώς πιο γνωστή σήμερα ερμηνεία της λέξης *Τότεντάντς* αποτελεί το συμφωνικό κομμάτι του Φραντς Λιστ για σόλο πιάνο και ορχήστρα. Ο ελληνικός τίτλος του έργου μπορεί να αποδοθεί ως «Ο χορός του θανάτου». Τα Μποφόρς (Bofors) είναι αντιαεροπορικά κανόνια σχεδιασμένα στη δεκαετία του '30 από τον σουηδικό στρατό. Υπήρξαν από τα δημοφιλέστερα οπλικά συστήματα κατά τη διάρκεια του Β΄ Παγκοσμίου Πολέμου. Τα απομνημονεύματα του Στεφανίδη από την εμπειρία του στη Μάχη της Κρήτης, η επακόλουθη υποχώρηση μέσα από τα βουνά έως τη νότια ακτογραμμή του νησιού και η εκκένωση από την Κρήτη στην Αίγυπτο, εκδόθηκαν το 1946, υπό τον ίδιο τίτλο όπως και του ποιήματος. [ΒΚ & ΑΧ]